CHRISTMAS CARD ADDRESS BOOK

BELONGS TO:

NAME

_____

ADDRESS

_____

_____

_____

PHONE

_____

EMAIL

_____

2024 - 2033

MERRY CHRISTMAS

AND

A HAPPY NEW YEAR

NAME

ADDRESS

PHONE   EMAIL

2024	2025	2026	2027	2028
S R	S R	S R	S R	S R
○ ○	○ ○	○ ○	○ ○	○ ○

2029	2030	2031	2032	2033
S R	S R	S R	S R	S R
○ ○	○ ○	○ ○	○ ○	○ ○

NAME

ADDRESS

PHONE   EMAIL

2024	2025	2026	2027	2028
S R	S R	S R	S R	S R
○ ○	○ ○	○ ○	○ ○	○ ○

2029	2030	2031	2032	2033
S R	S R	S R	S R	S R
○ ○	○ ○	○ ○	○ ○	○ ○

NAME

ADDRESS

PHONE   EMAIL

2024	2025	2026	2027	2028
S R	S R	S R	S R	S R
○ ○	○ ○	○ ○	○ ○	○ ○

2029	2030	2031	2032	2033
S R	S R	S R	S R	S R
○ ○	○ ○	○ ○	○ ○	○ ○

NAME

ADDRESS

PHONE   EMAIL

2024	2025	2026	2027	2028
S R	S R	S R	S R	S R
○ ○	○ ○	○ ○	○ ○	○ ○

2029	2030	2031	2032	2033
S R	S R	S R	S R	S R
○ ○	○ ○	○ ○	○ ○	○ ○

A
B
C
D
E
F
G
H
I
J
K
L
M
N
O
P
Q
R
S
T
U
V
W
X
Y
Z

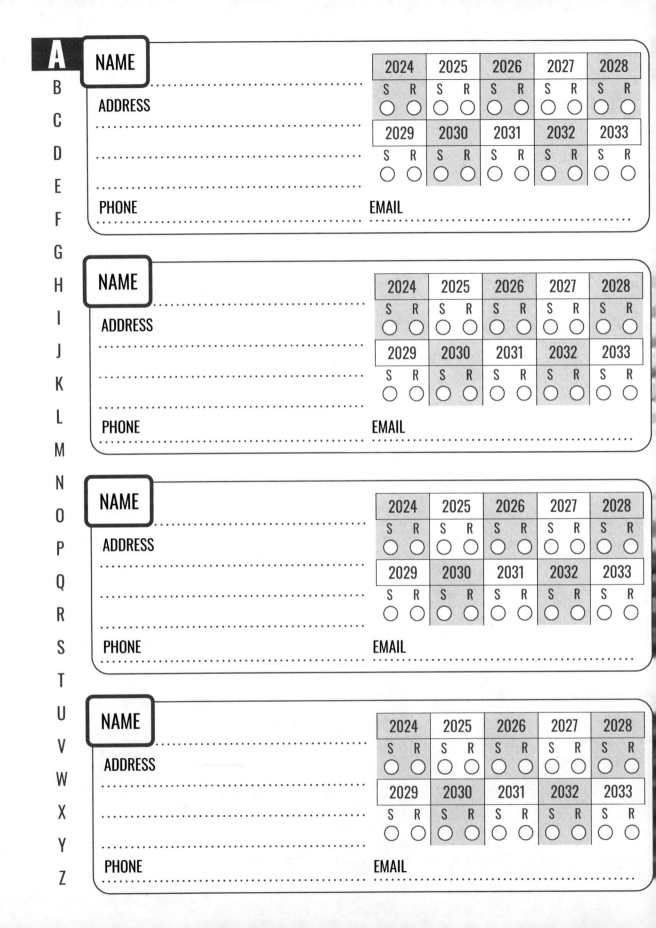

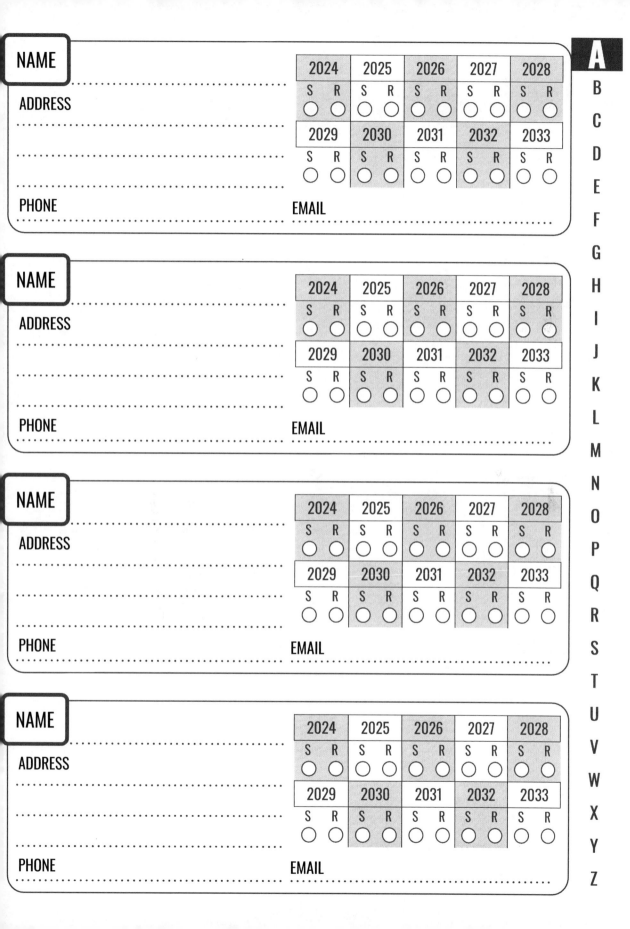

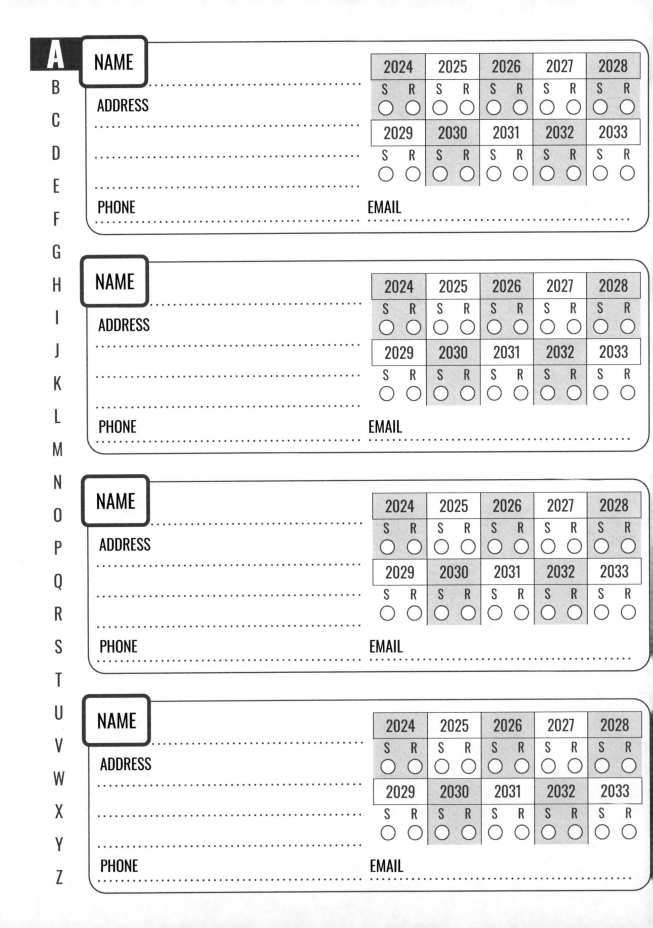

NAME

ADDRESS

2024		2025		2026		2027		2028	
S	R	S	R	S	R	S	R	S	R
○	○	○	○	○	○	○	○	○	○

2029		2030		2031		2032		2033	
S	R	S	R	S	R	S	R	S	R
○	○	○	○	○	○	○	○	○	○

PHONE

EMAIL

NAME

ADDRESS

2024		2025		2026		2027		2028	
S	R	S	R	S	R	S	R	S	R
○	○	○	○	○	○	○	○	○	○

2029		2030		2031		2032		2033	
S	R	S	R	S	R	S	R	S	R
○	○	○	○	○	○	○	○	○	○

PHONE

EMAIL

NAME

ADDRESS

2024		2025		2026		2027		2028	
S	R	S	R	S	R	S	R	S	R
○	○	○	○	○	○	○	○	○	○

2029		2030		2031		2032		2033	
S	R	S	R	S	R	S	R	S	R
○	○	○	○	○	○	○	○	○	○

PHONE

EMAIL

NAME

ADDRESS

2024		2025		2026		2027		2028	
S	R	S	R	S	R	S	R	S	R
○	○	○	○	○	○	○	○	○	○

2029		2030		2031		2032		2033	
S	R	S	R	S	R	S	R	S	R
○	○	○	○	○	○	○	○	○	○

PHONE

EMAIL

A
B
C
D
E
F
G
H
I
J
K
L
M
N
O
P
Q
R
S
T
U
V
W
X
Y
Z

A
B
C
D
E
F
G
H
I
J
K
L
M
N
O
P
Q
R
S
T
U
V
W
X
Y
Z

NAME

ADDRESS

PHONE   EMAIL

2024		2025		2026		2027		2028	
S	R	S	R	S	R	S	R	S	R
○	○	○	○	○	○	○	○	○	○
2029		2030		2031		2032		2033	
S	R	S	R	S	R	S	R	S	R
○	○	○	○	○	○	○	○	○	○

NAME

ADDRESS

PHONE   EMAIL

2024		2025		2026		2027		2028	
S	R	S	R	S	R	S	R	S	R
○	○	○	○	○	○	○	○	○	○
2029		2030		2031		2032		2033	
S	R	S	R	S	R	S	R	S	R
○	○	○	○	○	○	○	○	○	○

NAME

ADDRESS

PHONE   EMAIL

2024		2025		2026		2027		2028	
S	R	S	R	S	R	S	R	S	R
○	○	○	○	○	○	○	○	○	○
2029		2030		2031		2032		2033	
S	R	S	R	S	R	S	R	S	R
○	○	○	○	○	○	○	○	○	○

NAME

ADDRESS

PHONE   EMAIL

2024		2025		2026		2027		2028	
S	R	S	R	S	R	S	R	S	R
○	○	○	○	○	○	○	○	○	○
2029		2030		2031		2032		2033	
S	R	S	R	S	R	S	R	S	R
○	○	○	○	○	○	○	○	○	○

Entry 1

NAME ....

ADDRESS

....

....

....

PHONE .... **EMAIL** ....

2024		2025		2026		2027		2028	
S	R	S	R	S	R	S	R	S	R
○	○	○	○	○	○	○	○	○	○

2029		2030		2031		2032		2033	
S	R	S	R	S	R	S	R	S	R
○	○	○	○	○	○	○	○	○	○

Entry 2

NAME ....

ADDRESS

....

....

....

PHONE .... **EMAIL** ....

2024		2025		2026		2027		2028	
S	R	S	R	S	R	S	R	S	R
○	○	○	○	○	○	○	○	○	○

2029		2030		2031		2032		2033	
S	R	S	R	S	R	S	R	S	R
○	○	○	○	○	○	○	○	○	○

Entry 3

NAME ....

ADDRESS

....

....

....

PHONE .... **EMAIL** ....

2024		2025		2026		2027		2028	
S	R	S	R	S	R	S	R	S	R
○	○	○	○	○	○	○	○	○	○

2029		2030		2031		2032		2033	
S	R	S	R	S	R	S	R	S	R
○	○	○	○	○	○	○	○	○	○

Entry 4

NAME ....

ADDRESS

....

....

....

PHONE .... **EMAIL** ....

2024		2025		2026		2027		2028	
S	R	S	R	S	R	S	R	S	R
○	○	○	○	○	○	○	○	○	○

2029		2030		2031		2032		2033	
S	R	S	R	S	R	S	R	S	R
○	○	○	○	○	○	○	○	○	○

A
B
C
D
E
F
G
H
I
J
K
L
M
N
O
P
Q
R
S
T
U
V
W
X
Y
Z

A
B
C
D
E
F
G
H
I
J
K
L
M
N
O
P
Q
R
S
T
U
V
W
X
Y
Z

NAME

ADDRESS

PHONE   EMAIL

2024		2025		2026		2027		2028	
S	R	S	R	S	R	S	R	S	R
○	○	○	○	○	○	○	○	○	○

2029		2030		2031		2032		2033	
S	R	S	R	S	R	S	R	S	R
○	○	○	○	○	○	○	○	○	○

NAME

ADDRESS

PHONE   EMAIL

2024		2025		2026		2027		2028	
S	R	S	R	S	R	S	R	S	R
○	○	○	○	○	○	○	○	○	○

2029		2030		2031		2032		2033	
S	R	S	R	S	R	S	R	S	R
○	○	○	○	○	○	○	○	○	○

NAME

ADDRESS

PHONE   EMAIL

2024		2025		2026		2027		2028	
S	R	S	R	S	R	S	R	S	R
○	○	○	○	○	○	○	○	○	○

2029		2030		2031		2032		2033	
S	R	S	R	S	R	S	R	S	R
○	○	○	○	○	○	○	○	○	○

NAME

ADDRESS

PHONE   EMAIL

2024		2025		2026		2027		2028	
S	R	S	R	S	R	S	R	S	R
○	○	○	○	○	○	○	○	○	○

2029		2030		2031		2032		2033	
S	R	S	R	S	R	S	R	S	R
○	○	○	○	○	○	○	○	○	○

NAME

ADDRESS

PHONE   **EMAIL**

2024		2025		2026		2027		2028	
S	R	S	R	S	R	S	R	S	R
○	○	○	○	○	○	○	○	○	○

2029		2030		2031		2032		2033	
S	R	S	R	S	R	S	R	S	R
○	○	○	○	○	○	○	○	○	○

NAME

ADDRESS

PHONE   **EMAIL**

2024		2025		2026		2027		2028	
S	R	S	R	S	R	S	R	S	R
○	○	○	○	○	○	○	○	○	○

2029		2030		2031		2032		2033	
S	R	S	R	S	R	S	R	S	R
○	○	○	○	○	○	○	○	○	○

NAME

ADDRESS

PHONE   **EMAIL**

2024		2025		2026		2027		2028	
S	R	S	R	S	R	S	R	S	R
○	○	○	○	○	○	○	○	○	○

2029		2030		2031		2032		2033	
S	R	S	R	S	R	S	R	S	R
○	○	○	○	○	○	○	○	○	○

NAME

ADDRESS

PHONE   **EMAIL**

2024		2025		2026		2027		2028	
S	R	S	R	S	R	S	R	S	R
○	○	○	○	○	○	○	○	○	○

2029		2030		2031		2032		2033	
S	R	S	R	S	R	S	R	S	R
○	○	○	○	○	○	○	○	○	○

A
B
C
D
E
F
G
H
I
J
K
L
M
N
O
P
Q
R
S
T
U
V
W
X
Y
Z

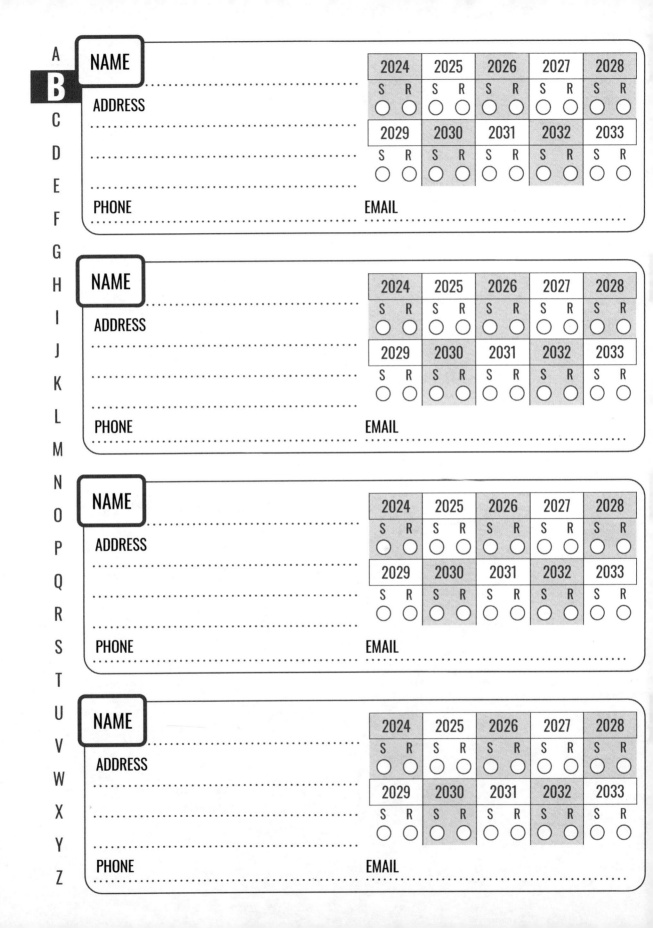

NAME

ADDRESS

2024	2025	2026	2027	2028
S R	S R	S R	S R	S R
○ ○	○ ○	○ ○	○ ○	○ ○

2029	2030	2031	2032	2033
S R	S R	S R	S R	S R
○ ○	○ ○	○ ○	○ ○	○ ○

PHONE

EMAIL

NAME

ADDRESS

2024	2025	2026	2027	2028
S R	S R	S R	S R	S R
○ ○	○ ○	○ ○	○ ○	○ ○

2029	2030	2031	2032	2033
S R	S R	S R	S R	S R
○ ○	○ ○	○ ○	○ ○	○ ○

PHONE

EMAIL

NAME

ADDRESS

2024	2025	2026	2027	2028
S R	S R	S R	S R	S R
○ ○	○ ○	○ ○	○ ○	○ ○

2029	2030	2031	2032	2033
S R	S R	S R	S R	S R
○ ○	○ ○	○ ○	○ ○	○ ○

PHONE

EMAIL

NAME

ADDRESS

2024	2025	2026	2027	2028
S R	S R	S R	S R	S R
○ ○	○ ○	○ ○	○ ○	○ ○

2029	2030	2031	2032	2033
S R	S R	S R	S R	S R
○ ○	○ ○	○ ○	○ ○	○ ○

PHONE

EMAIL

A
B
C
D
E
F
G
H
I
J
K
L
M
N
O
P
Q
R
S
T
U
V
W
X
Y
Z

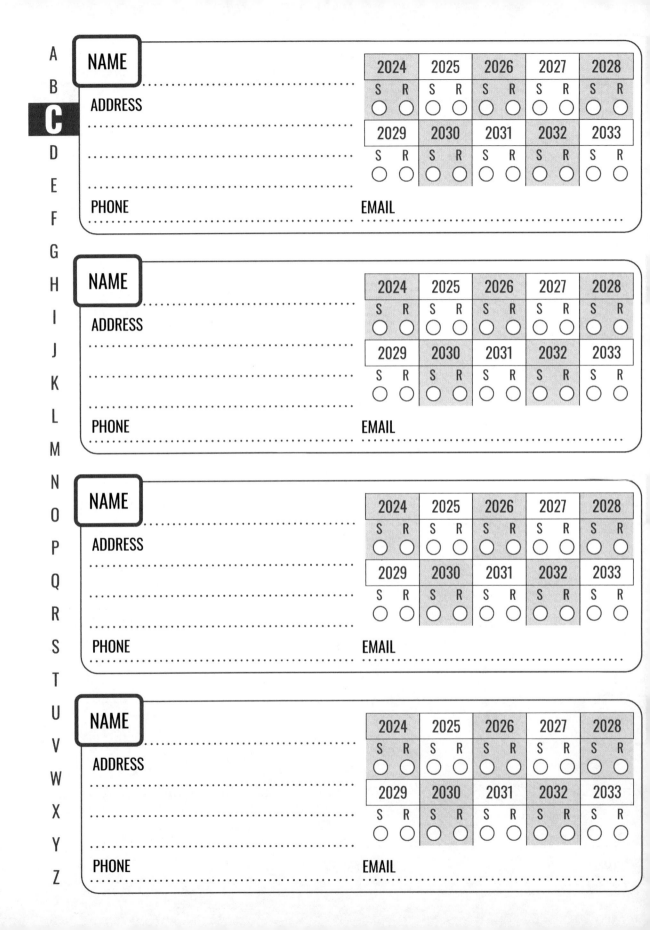

A
B
C
D
E
F
G
H
I
J
K
L
M
N
O
P
Q
R
S
T
U
V
W
X
Y
Z

NAME

ADDRESS

PHONE   EMAIL

2024	2025	2026	2027	2028
S R	S R	S R	S R	S R
2029	2030	2031	2032	2033
S R	S R	S R	S R	S R

NAME

ADDRESS

PHONE   EMAIL

2024	2025	2026	2027	2028
S R	S R	S R	S R	S R
2029	2030	2031	2032	2033
S R	S R	S R	S R	S R

NAME

ADDRESS

PHONE   EMAIL

2024	2025	2026	2027	2028
S R	S R	S R	S R	S R
2029	2030	2031	2032	2033
S R	S R	S R	S R	S R

NAME

ADDRESS

PHONE   EMAIL

2024	2025	2026	2027	2028
S R	S R	S R	S R	S R
2029	2030	2031	2032	2033
S R	S R	S R	S R	S R

NAME

ADDRESS

PHONE   EMAIL

2024	2025	2026	2027	2028
S R	S R	S R	S R	S R
○ ○	○ ○	○ ○	○ ○	○ ○

2029	2030	2031	2032	2033
S R	S R	S R	S R	S R
○ ○	○ ○	○ ○	○ ○	○ ○

NAME

ADDRESS

PHONE   EMAIL

2024	2025	2026	2027	2028
S R	S R	S R	S R	S R
○ ○	○ ○	○ ○	○ ○	○ ○

2029	2030	2031	2032	2033
S R	S R	S R	S R	S R
○ ○	○ ○	○ ○	○ ○	○ ○

NAME

ADDRESS

PHONE   EMAIL

2024	2025	2026	2027	2028
S R	S R	S R	S R	S R
○ ○	○ ○	○ ○	○ ○	○ ○

2029	2030	2031	2032	2033
S R	S R	S R	S R	S R
○ ○	○ ○	○ ○	○ ○	○ ○

NAME

ADDRESS

PHONE   EMAIL

2024	2025	2026	2027	2028
S R	S R	S R	S R	S R
○ ○	○ ○	○ ○	○ ○	○ ○

2029	2030	2031	2032	2033
S R	S R	S R	S R	S R
○ ○	○ ○	○ ○	○ ○	○ ○

A
B
C
D
E
F
G
H
I
J
K
L
M
N
O
P
Q
R
S
T
U
V
W
X
Y
Z

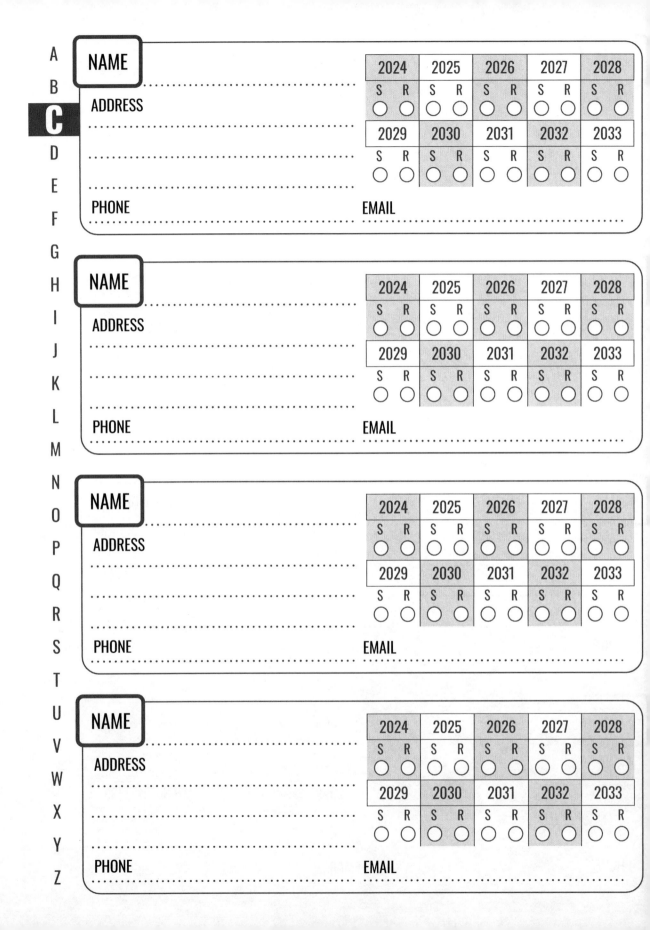

Entry 1

NAME ....

ADDRESS

....

....

....

PHONE .... **EMAIL** ....

2024		2025		2026		2027		2028	
S	R	S	R	S	R	S	R	S	R
○	○	○	○	○	○	○	○	○	○

2029		2030		2031		2032		2033	
S	R	S	R	S	R	S	R	S	R
○	○	○	○	○	○	○	○	○	○

Entry 2

NAME ....

ADDRESS

....

....

....

PHONE .... **EMAIL** ....

2024		2025		2026		2027		2028	
S	R	S	R	S	R	S	R	S	R
○	○	○	○	○	○	○	○	○	○

2029		2030		2031		2032		2033	
S	R	S	R	S	R	S	R	S	R
○	○	○	○	○	○	○	○	○	○

Entry 3

NAME ....

ADDRESS

....

....

....

PHONE .... **EMAIL** ....

2024		2025		2026		2027		2028	
S	R	S	R	S	R	S	R	S	R
○	○	○	○	○	○	○	○	○	○

2029		2030		2031		2032		2033	
S	R	S	R	S	R	S	R	S	R
○	○	○	○	○	○	○	○	○	○

Entry 4

NAME ....

ADDRESS

....

....

....

PHONE .... **EMAIL** ....

2024		2025		2026		2027		2028	
S	R	S	R	S	R	S	R	S	R
○	○	○	○	○	○	○	○	○	○

2029		2030		2031		2032		2033	
S	R	S	R	S	R	S	R	S	R
○	○	○	○	○	○	○	○	○	○

A B **C** D E F G H I J K L M N O P Q R S T U V W X Y Z

A
B
C

D

E
F
G
H
I
J
K
L
M
N
O
P
Q
R
S
T
U
V
W
X
Y
Z

NAME

ADDRESS

PHONE

EMAIL

2024	2025	2026	2027	2028
S R	S R	S R	S R	S R
○ ○	○ ○	○ ○	○ ○	○ ○

2029	2030	2031	2032	2033
S R	S R	S R	S R	S R
○ ○	○ ○	○ ○	○ ○	○ ○

NAME

ADDRESS

PHONE

EMAIL

2024	2025	2026	2027	2028
S R	S R	S R	S R	S R
○ ○	○ ○	○ ○	○ ○	○ ○

2029	2030	2031	2032	2033
S R	S R	S R	S R	S R
○ ○	○ ○	○ ○	○ ○	○ ○

NAME

ADDRESS

PHONE

EMAIL

2024	2025	2026	2027	2028
S R	S R	S R	S R	S R
○ ○	○ ○	○ ○	○ ○	○ ○

2029	2030	2031	2032	2033
S R	S R	S R	S R	S R
○ ○	○ ○	○ ○	○ ○	○ ○

NAME

ADDRESS

PHONE

EMAIL

2024	2025	2026	2027	2028
S R	S R	S R	S R	S R
○ ○	○ ○	○ ○	○ ○	○ ○

2029	2030	2031	2032	2033
S R	S R	S R	S R	S R
○ ○	○ ○	○ ○	○ ○	○ ○

NAME

ADDRESS

2024		2025		2026		2027		2028	
S	R	S	R	S	R	S	R	S	R
○	○	○	○	○	○	○	○	○	○

2029		2030		2031		2032		2033	
S	R	S	R	S	R	S	R	S	R
○	○	○	○	○	○	○	○	○	○

PHONE **EMAIL**

NAME

ADDRESS

2024		2025		2026		2027		2028	
S	R	S	R	S	R	S	R	S	R
○	○	○	○	○	○	○	○	○	○

2029		2030		2031		2032		2033	
S	R	S	R	S	R	S	R	S	R
○	○	○	○	○	○	○	○	○	○

PHONE **EMAIL**

NAME

ADDRESS

2024		2025		2026		2027		2028	
S	R	S	R	S	R	S	R	S	R
○	○	○	○	○	○	○	○	○	○

2029		2030		2031		2032		2033	
S	R	S	R	S	R	S	R	S	R
○	○	○	○	○	○	○	○	○	○

PHONE **EMAIL**

NAME

ADDRESS

2024		2025		2026		2027		2028	
S	R	S	R	S	R	S	R	S	R
○	○	○	○	○	○	○	○	○	○

2029		2030		2031		2032		2033	
S	R	S	R	S	R	S	R	S	R
○	○	○	○	○	○	○	○	○	○

PHONE **EMAIL**

A
B
C
D
E
F
G
H
I
J
K
L
M
N
O
P
Q
R
S
T
U
V
W
X
Y
Z

A B C **D** E F G H I J K L M N O P Q R S T U V W X Y Z

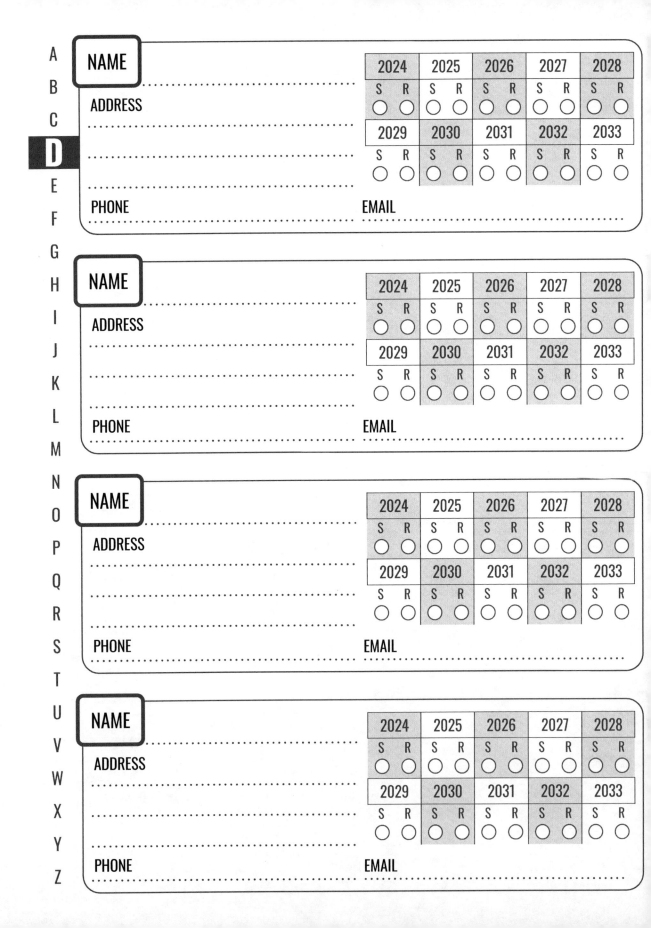

NAME

ADDRESS

PHONE   EMAIL

2024	2025	2026	2027	2028
S R	S R	S R	S R	S R
○ ○	○ ○	○ ○	○ ○	○ ○

2029	2030	2031	2032	2033
S R	S R	S R	S R	S R
○ ○	○ ○	○ ○	○ ○	○ ○

NAME

ADDRESS

PHONE   EMAIL

2024	2025	2026	2027	2028
S R	S R	S R	S R	S R
○ ○	○ ○	○ ○	○ ○	○ ○

2029	2030	2031	2032	2033
S R	S R	S R	S R	S R
○ ○	○ ○	○ ○	○ ○	○ ○

NAME

ADDRESS

PHONE   EMAIL

2024	2025	2026	2027	2028
S R	S R	S R	S R	S R
○ ○	○ ○	○ ○	○ ○	○ ○

2029	2030	2031	2032	2033
S R	S R	S R	S R	S R
○ ○	○ ○	○ ○	○ ○	○ ○

NAME

ADDRESS

PHONE   EMAIL

2024	2025	2026	2027	2028
S R	S R	S R	S R	S R
○ ○	○ ○	○ ○	○ ○	○ ○

2029	2030	2031	2032	2033
S R	S R	S R	S R	S R
○ ○	○ ○	○ ○	○ ○	○ ○

NAME

ADDRESS

2024		2025		2026		2027		2028	
S	R	S	R	S	R	S	R	S	R
○	○	○	○	○	○	○	○	○	○

2029		2030		2031		2032		2033	
S	R	S	R	S	R	S	R	S	R
○	○	○	○	○	○	○	○	○	○

PHONE   **EMAIL**

NAME

ADDRESS

2024		2025		2026		2027		2028	
S	R	S	R	S	R	S	R	S	R
○	○	○	○	○	○	○	○	○	○

2029		2030		2031		2032		2033	
S	R	S	R	S	R	S	R	S	R
○	○	○	○	○	○	○	○	○	○

PHONE   **EMAIL**

NAME

ADDRESS

2024		2025		2026		2027		2028	
S	R	S	R	S	R	S	R	S	R
○	○	○	○	○	○	○	○	○	○

2029		2030		2031		2032		2033	
S	R	S	R	S	R	S	R	S	R
○	○	○	○	○	○	○	○	○	○

PHONE   **EMAIL**

NAME

ADDRESS

2024		2025		2026		2027		2028	
S	R	S	R	S	R	S	R	S	R
○	○	○	○	○	○	○	○	○	○

2029		2030		2031		2032		2033	
S	R	S	R	S	R	S	R	S	R
○	○	○	○	○	○	○	○	○	○

PHONE   **EMAIL**

A
B
C
D
E
F
G
H
I
J
K
L
M
N
O
P
Q
R
S
T
U
V
W
X
Y
Z

A
B
C
D
E
F
G
H
I
J
K
L
M
N
O
P
Q
R
S
T
U
V
W
X
Y
Z

NAME ....

ADDRESS

....

....

....

PHONE .... EMAIL ....

2024		2025		2026		2027		2028	
S	R	S	R	S	R	S	R	S	R
○	○	○	○	○	○	○	○	○	○

2029		2030		2031		2032		2033	
S	R	S	R	S	R	S	R	S	R
○	○	○	○	○	○	○	○	○	○

NAME ....

ADDRESS

....

....

....

PHONE .... EMAIL ....

2024		2025		2026		2027		2028	
S	R	S	R	S	R	S	R	S	R
○	○	○	○	○	○	○	○	○	○

2029		2030		2031		2032		2033	
S	R	S	R	S	R	S	R	S	R
○	○	○	○	○	○	○	○	○	○

NAME ....

ADDRESS

....

....

....

PHONE .... EMAIL ....

2024		2025		2026		2027		2028	
S	R	S	R	S	R	S	R	S	R
○	○	○	○	○	○	○	○	○	○

2029		2030		2031		2032		2033	
S	R	S	R	S	R	S	R	S	R
○	○	○	○	○	○	○	○	○	○

NAME ....

ADDRESS

....

....

....

PHONE .... EMAIL ....

2024		2025		2026		2027		2028	
S	R	S	R	S	R	S	R	S	R
○	○	○	○	○	○	○	○	○	○

2029		2030		2031		2032		2033	
S	R	S	R	S	R	S	R	S	R
○	○	○	○	○	○	○	○	○	○

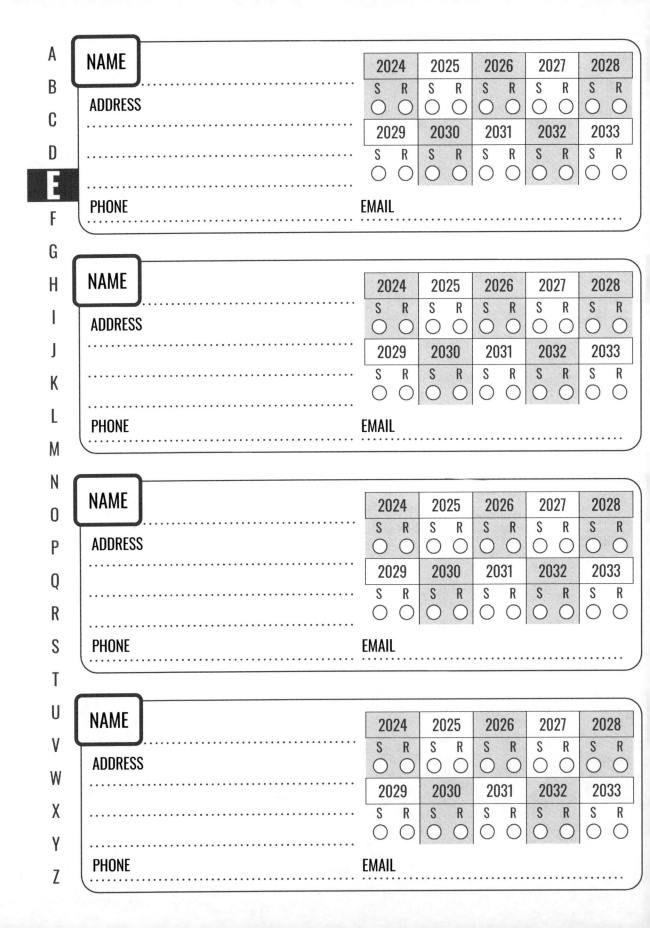

NAME

ADDRESS

2024	2025	2026	2027	2028
S R	S R	S R	S R	S R
○ ○	○ ○	○ ○	○ ○	○ ○

2029	2030	2031	2032	2033
S R	S R	S R	S R	S R
○ ○	○ ○	○ ○	○ ○	○ ○

PHONE

EMAIL

NAME

ADDRESS

2024	2025	2026	2027	2028
S R	S R	S R	S R	S R
○ ○	○ ○	○ ○	○ ○	○ ○

2029	2030	2031	2032	2033
S R	S R	S R	S R	S R
○ ○	○ ○	○ ○	○ ○	○ ○

PHONE

EMAIL

NAME

ADDRESS

2024	2025	2026	2027	2028
S R	S R	S R	S R	S R
○ ○	○ ○	○ ○	○ ○	○ ○

2029	2030	2031	2032	2033
S R	S R	S R	S R	S R
○ ○	○ ○	○ ○	○ ○	○ ○

PHONE

EMAIL

NAME

ADDRESS

2024	2025	2026	2027	2028
S R	S R	S R	S R	S R
○ ○	○ ○	○ ○	○ ○	○ ○

2029	2030	2031	2032	2033
S R	S R	S R	S R	S R
○ ○	○ ○	○ ○	○ ○	○ ○

PHONE

EMAIL

A
B
C
D
E
F
G
H
I
J
K
L
M
N
O
P
Q
R
S
T
U
V
W
X
Y
Z

A
B
C
D
E
F
G
H
I
J
K
L
M
N
O
P
Q
R
S
T
U
V
W
X
Y
Z

NAME

ADDRESS

PHONE   EMAIL

2024		2025		2026		2027		2028	
S	R	S	R	S	R	S	R	S	R
○	○	○	○	○	○	○	○	○	○

2029		2030		2031		2032		2033	
S	R	S	R	S	R	S	R	S	R
○	○	○	○	○	○	○	○	○	○

NAME

ADDRESS

PHONE   EMAIL

2024		2025		2026		2027		2028	
S	R	S	R	S	R	S	R	S	R
○	○	○	○	○	○	○	○	○	○

2029		2030		2031		2032		2033	
S	R	S	R	S	R	S	R	S	R
○	○	○	○	○	○	○	○	○	○

NAME

ADDRESS

PHONE   EMAIL

2024		2025		2026		2027		2028	
S	R	S	R	S	R	S	R	S	R
○	○	○	○	○	○	○	○	○	○

2029		2030		2031		2032		2033	
S	R	S	R	S	R	S	R	S	R
○	○	○	○	○	○	○	○	○	○

NAME

ADDRESS

PHONE   EMAIL

2024		2025		2026		2027		2028	
S	R	S	R	S	R	S	R	S	R
○	○	○	○	○	○	○	○	○	○

2029		2030		2031		2032		2033	
S	R	S	R	S	R	S	R	S	R
○	○	○	○	○	○	○	○	○	○

NAME

ADDRESS

2024		2025		2026		2027		2028	
S	R	S	R	S	R	S	R	S	R
○	○	○	○	○	○	○	○	○	○

2029		2030		2031		2032		2033	
S	R	S	R	S	R	S	R	S	R
○	○	○	○	○	○	○	○	○	○

PHONE **EMAIL**

NAME

ADDRESS

2024		2025		2026		2027		2028	
S	R	S	R	S	R	S	R	S	R
○	○	○	○	○	○	○	○	○	○

2029		2030		2031		2032		2033	
S	R	S	R	S	R	S	R	S	R
○	○	○	○	○	○	○	○	○	○

PHONE **EMAIL**

NAME

ADDRESS

2024		2025		2026		2027		2028	
S	R	S	R	S	R	S	R	S	R
○	○	○	○	○	○	○	○	○	○

2029		2030		2031		2032		2033	
S	R	S	R	S	R	S	R	S	R
○	○	○	○	○	○	○	○	○	○

PHONE **EMAIL**

NAME

ADDRESS

2024		2025		2026		2027		2028	
S	R	S	R	S	R	S	R	S	R
○	○	○	○	○	○	○	○	○	○

2029		2030		2031		2032		2033	
S	R	S	R	S	R	S	R	S	R
○	○	○	○	○	○	○	○	○	○

PHONE **EMAIL**

A
B
C
D
E
F
G
H
I
J
K
L
M
N
O
P
Q
R
S
T
U
V
W
X
Y
Z

A
B
C
D
E

F

G
H
I
J
K
L
M
N
O
P
Q
R
S
T
U
V
W
X
Y
Z

Entry 1

NAME

ADDRESS

PHONE EMAIL

2024		2025		2026		2027		2028	
S	R	S	R	S	R	S	R	S	R
○	○	○	○	○	○	○	○	○	○

2029		2030		2031		2032		2033	
S	R	S	R	S	R	S	R	S	R
○	○	○	○	○	○	○	○	○	○

Entry 2

NAME

ADDRESS

PHONE EMAIL

2024		2025		2026		2027		2028	
S	R	S	R	S	R	S	R	S	R
○	○	○	○	○	○	○	○	○	○

2029		2030		2031		2032		2033	
S	R	S	R	S	R	S	R	S	R
○	○	○	○	○	○	○	○	○	○

Entry 3

NAME

ADDRESS

PHONE EMAIL

2024		2025		2026		2027		2028	
S	R	S	R	S	R	S	R	S	R
○	○	○	○	○	○	○	○	○	○

2029		2030		2031		2032		2033	
S	R	S	R	S	R	S	R	S	R
○	○	○	○	○	○	○	○	○	○

Entry 4

NAME

ADDRESS

PHONE EMAIL

2024		2025		2026		2027		2028	
S	R	S	R	S	R	S	R	S	R
○	○	○	○	○	○	○	○	○	○

2029		2030		2031		2032		2033	
S	R	S	R	S	R	S	R	S	R
○	○	○	○	○	○	○	○	○	○

Entry 1

NAME

ADDRESS

....

....

....

PHONE   **EMAIL**

....

2024	2025	2026	2027	2028
S R	S R	S R	S R	S R
○ ○	○ ○	○ ○	○ ○	○ ○

2029	2030	2031	2032	2033
S R	S R	S R	S R	S R
○ ○	○ ○	○ ○	○ ○	○ ○

Entry 2

NAME

ADDRESS

....

....

....

PHONE   **EMAIL**

....

2024	2025	2026	2027	2028
S R	S R	S R	S R	S R
○ ○	○ ○	○ ○	○ ○	○ ○

2029	2030	2031	2032	2033
S R	S R	S R	S R	S R
○ ○	○ ○	○ ○	○ ○	○ ○

Entry 3

NAME

ADDRESS

....

....

....

PHONE   **EMAIL**

....

2024	2025	2026	2027	2028
S R	S R	S R	S R	S R
○ ○	○ ○	○ ○	○ ○	○ ○

2029	2030	2031	2032	2033
S R	S R	S R	S R	S R
○ ○	○ ○	○ ○	○ ○	○ ○

Entry 4

NAME

ADDRESS

....

....

....

PHONE   **EMAIL**

....

2024	2025	2026	2027	2028
S R	S R	S R	S R	S R
○ ○	○ ○	○ ○	○ ○	○ ○

2029	2030	2031	2032	2033
S R	S R	S R	S R	S R
○ ○	○ ○	○ ○	○ ○	○ ○

A B C D E **F** G H I J K L M N O P Q R S T U V W X Y Z

A
B
C
D
E

F

G

H
I
J
K
L
M

N
O
P
Q
R
S
T

U
V
W
X
Y
Z

NAME

ADDRESS

PHONE   EMAIL

2024		2025		2026		2027		2028	
S	R	S	R	S	R	S	R	S	R
○	○	○	○	○	○	○	○	○	○

2029		2030		2031		2032		2033	
S	R	S	R	S	R	S	R	S	R
○	○	○	○	○	○	○	○	○	○

NAME

ADDRESS

PHONE   EMAIL

2024		2025		2026		2027		2028	
S	R	S	R	S	R	S	R	S	R
○	○	○	○	○	○	○	○	○	○

2029		2030		2031		2032		2033	
S	R	S	R	S	R	S	R	S	R
○	○	○	○	○	○	○	○	○	○

NAME

ADDRESS

PHONE   EMAIL

2024		2025		2026		2027		2028	
S	R	S	R	S	R	S	R	S	R
○	○	○	○	○	○	○	○	○	○

2029		2030		2031		2032		2033	
S	R	S	R	S	R	S	R	S	R
○	○	○	○	○	○	○	○	○	○

NAME

ADDRESS

PHONE   EMAIL

2024		2025		2026		2027		2028	
S	R	S	R	S	R	S	R	S	R
○	○	○	○	○	○	○	○	○	○

2029		2030		2031		2032		2033	
S	R	S	R	S	R	S	R	S	R
○	○	○	○	○	○	○	○	○	○

NAME

ADDRESS

PHONE   EMAIL

2024	2025	2026	2027	2028
S R	S R	S R	S R	S R
○ ○	○ ○	○ ○	○ ○	○ ○

2029	2030	2031	2032	2033
S R	S R	S R	S R	S R
○ ○	○ ○	○ ○	○ ○	○ ○

NAME

ADDRESS

PHONE   EMAIL

2024	2025	2026	2027	2028
S R	S R	S R	S R	S R
○ ○	○ ○	○ ○	○ ○	○ ○

2029	2030	2031	2032	2033
S R	S R	S R	S R	S R
○ ○	○ ○	○ ○	○ ○	○ ○

NAME

ADDRESS

PHONE   EMAIL

2024	2025	2026	2027	2028
S R	S R	S R	S R	S R
○ ○	○ ○	○ ○	○ ○	○ ○

2029	2030	2031	2032	2033
S R	S R	S R	S R	S R
○ ○	○ ○	○ ○	○ ○	○ ○

NAME

ADDRESS

PHONE   EMAIL

2024	2025	2026	2027	2028
S R	S R	S R	S R	S R
○ ○	○ ○	○ ○	○ ○	○ ○

2029	2030	2031	2032	2033
S R	S R	S R	S R	S R
○ ○	○ ○	○ ○	○ ○	○ ○

A
B
C
D
E
F
G
H
I
J
K
L
M
N
O
P
Q
R
S
T
U
V
W
X
Y
Z

A
B
C
D
E
F

NAME ....

ADDRESS
....
....
....

PHONE .... EMAIL ....

2024		2025		2026		2027		2028	
S	R	S	R	S	R	S	R	S	R
○	○	○	○	○	○	○	○	○	○

2029		2030		2031		2032		2033	
S	R	S	R	S	R	S	R	S	R
○	○	○	○	○	○	○	○	○	○

G

H
I
J
K
L
M

NAME ....

ADDRESS
....
....
....

PHONE .... EMAIL ....

2024		2025		2026		2027		2028	
S	R	S	R	S	R	S	R	S	R
○	○	○	○	○	○	○	○	○	○

2029		2030		2031		2032		2033	
S	R	S	R	S	R	S	R	S	R
○	○	○	○	○	○	○	○	○	○

N
O
P
Q
R
S
T

NAME ....

ADDRESS
....
....
....

PHONE .... EMAIL ....

2024		2025		2026		2027		2028	
S	R	S	R	S	R	S	R	S	R
○	○	○	○	○	○	○	○	○	○

2029		2030		2031		2032		2033	
S	R	S	R	S	R	S	R	S	R
○	○	○	○	○	○	○	○	○	○

U
V
W
X
Y
Z

NAME ....

ADDRESS
....
....
....

PHONE .... EMAIL ....

2024		2025		2026		2027		2028	
S	R	S	R	S	R	S	R	S	R
○	○	○	○	○	○	○	○	○	○

2029		2030		2031		2032		2033	
S	R	S	R	S	R	S	R	S	R
○	○	○	○	○	○	○	○	○	○

NAME

ADDRESS

PHONE

EMAIL

2024	2025	2026	2027	2028
S R	S R	S R	S R	S R
○ ○	○ ○	○ ○	○ ○	○ ○

2029	2030	2031	2032	2033
S R	S R	S R	S R	S R
○ ○	○ ○	○ ○	○ ○	○ ○

NAME

ADDRESS

PHONE

EMAIL

2024	2025	2026	2027	2028
S R	S R	S R	S R	S R
○ ○	○ ○	○ ○	○ ○	○ ○

2029	2030	2031	2032	2033
S R	S R	S R	S R	S R
○ ○	○ ○	○ ○	○ ○	○ ○

NAME

ADDRESS

PHONE

EMAIL

2024	2025	2026	2027	2028
S R	S R	S R	S R	S R
○ ○	○ ○	○ ○	○ ○	○ ○

2029	2030	2031	2032	2033
S R	S R	S R	S R	S R
○ ○	○ ○	○ ○	○ ○	○ ○

NAME

ADDRESS

PHONE

EMAIL

2024	2025	2026	2027	2028
S R	S R	S R	S R	S R
○ ○	○ ○	○ ○	○ ○	○ ○

2029	2030	2031	2032	2033
S R	S R	S R	S R	S R
○ ○	○ ○	○ ○	○ ○	○ ○

A
B
C
D
E
F
G
H
I
J
K
L
M
N
O
P
Q
R
S
T
U
V
W
X
Y
Z

A
B
C
D
E
F
G
H
I
J
K
L
M
N
O
P
Q
R
S
T
U
V
W
X
Y
Z

NAME

ADDRESS

PHONE EMAIL

2024		2025		2026		2027		2028	
S	R	S	R	S	R	S	R	S	R
○	○	○	○	○	○	○	○	○	○

2029		2030		2031		2032		2033	
S	R	S	R	S	R	S	R	S	R
○	○	○	○	○	○	○	○	○	○

NAME

ADDRESS

PHONE EMAIL

2024		2025		2026		2027		2028	
S	R	S	R	S	R	S	R	S	R
○	○	○	○	○	○	○	○	○	○

2029		2030		2031		2032		2033	
S	R	S	R	S	R	S	R	S	R
○	○	○	○	○	○	○	○	○	○

NAME

ADDRESS

PHONE EMAIL

2024		2025		2026		2027		2028	
S	R	S	R	S	R	S	R	S	R
○	○	○	○	○	○	○	○	○	○

2029		2030		2031		2032		2033	
S	R	S	R	S	R	S	R	S	R
○	○	○	○	○	○	○	○	○	○

NAME

ADDRESS

PHONE EMAIL

2024		2025		2026		2027		2028	
S	R	S	R	S	R	S	R	S	R
○	○	○	○	○	○	○	○	○	○

2029		2030		2031		2032		2033	
S	R	S	R	S	R	S	R	S	R
○	○	○	○	○	○	○	○	○	○

NAME ....

ADDRESS

....

....

PHONE .... **EMAIL** ....

2024	2025	2026	2027	2028
S R	S R	S R	S R	S R
○ ○	○ ○	○ ○	○ ○	○ ○

2029	2030	2031	2032	2033
S R	S R	S R	S R	S R
○ ○	○ ○	○ ○	○ ○	○ ○

NAME ....

ADDRESS

....

....

PHONE .... **EMAIL** ....

2024	2025	2026	2027	2028
S R	S R	S R	S R	S R
○ ○	○ ○	○ ○	○ ○	○ ○

2029	2030	2031	2032	2033
S R	S R	S R	S R	S R
○ ○	○ ○	○ ○	○ ○	○ ○

NAME ....

ADDRESS

....

....

PHONE .... **EMAIL** ....

2024	2025	2026	2027	2028
S R	S R	S R	S R	S R
○ ○	○ ○	○ ○	○ ○	○ ○

2029	2030	2031	2032	2033
S R	S R	S R	S R	S R
○ ○	○ ○	○ ○	○ ○	○ ○

NAME ....

ADDRESS

....

....

PHONE .... **EMAIL** ....

2024	2025	2026	2027	2028
S R	S R	S R	S R	S R
○ ○	○ ○	○ ○	○ ○	○ ○

2029	2030	2031	2032	2033
S R	S R	S R	S R	S R
○ ○	○ ○	○ ○	○ ○	○ ○

A
B
C
D
E
F
G
H
I
J
K
L
M
N
O
P
Q
R
S
T
U
V
W
X
Y
Z

A
B
C
D
E
F
G
H
I
J
K
L
M
N
O
P
Q
R
S
T
U
V
W
X
Y
Z

NAME

ADDRESS

PHONE   EMAIL

2024		2025		2026		2027		2028	
S	R	S	R	S	R	S	R	S	R
○	○	○	○	○	○	○	○	○	○

2029		2030		2031		2032		2033	
S	R	S	R	S	R	S	R	S	R
○	○	○	○	○	○	○	○	○	○

NAME

ADDRESS

PHONE   EMAIL

2024		2025		2026		2027		2028	
S	R	S	R	S	R	S	R	S	R
○	○	○	○	○	○	○	○	○	○

2029		2030		2031		2032		2033	
S	R	S	R	S	R	S	R	S	R
○	○	○	○	○	○	○	○	○	○

NAME

ADDRESS

PHONE   EMAIL

2024		2025		2026		2027		2028	
S	R	S	R	S	R	S	R	S	R
○	○	○	○	○	○	○	○	○	○

2029		2030		2031		2032		2033	
S	R	S	R	S	R	S	R	S	R
○	○	○	○	○	○	○	○	○	○

NAME

ADDRESS

PHONE   EMAIL

2024		2025		2026		2027		2028	
S	R	S	R	S	R	S	R	S	R
○	○	○	○	○	○	○	○	○	○

2029		2030		2031		2032		2033	
S	R	S	R	S	R	S	R	S	R
○	○	○	○	○	○	○	○	○	○

NAME

ADDRESS

PHONE

EMAIL

2024	2025	2026	2027	2028
S R	S R	S R	S R	S R
○ ○	○ ○	○ ○	○ ○	○ ○

2029	2030	2031	2032	2033
S R	S R	S R	S R	S R
○ ○	○ ○	○ ○	○ ○	○ ○

NAME

ADDRESS

PHONE

EMAIL

2024	2025	2026	2027	2028
S R	S R	S R	S R	S R
○ ○	○ ○	○ ○	○ ○	○ ○

2029	2030	2031	2032	2033
S R	S R	S R	S R	S R
○ ○	○ ○	○ ○	○ ○	○ ○

NAME

ADDRESS

PHONE

EMAIL

2024	2025	2026	2027	2028
S R	S R	S R	S R	S R
○ ○	○ ○	○ ○	○ ○	○ ○

2029	2030	2031	2032	2033
S R	S R	S R	S R	S R
○ ○	○ ○	○ ○	○ ○	○ ○

NAME

ADDRESS

PHONE

EMAIL

2024	2025	2026	2027	2028
S R	S R	S R	S R	S R
○ ○	○ ○	○ ○	○ ○	○ ○

2029	2030	2031	2032	2033
S R	S R	S R	S R	S R
○ ○	○ ○	○ ○	○ ○	○ ○

A B C D E F G **H** I J K L M N O P Q R S T U V W X Y Z

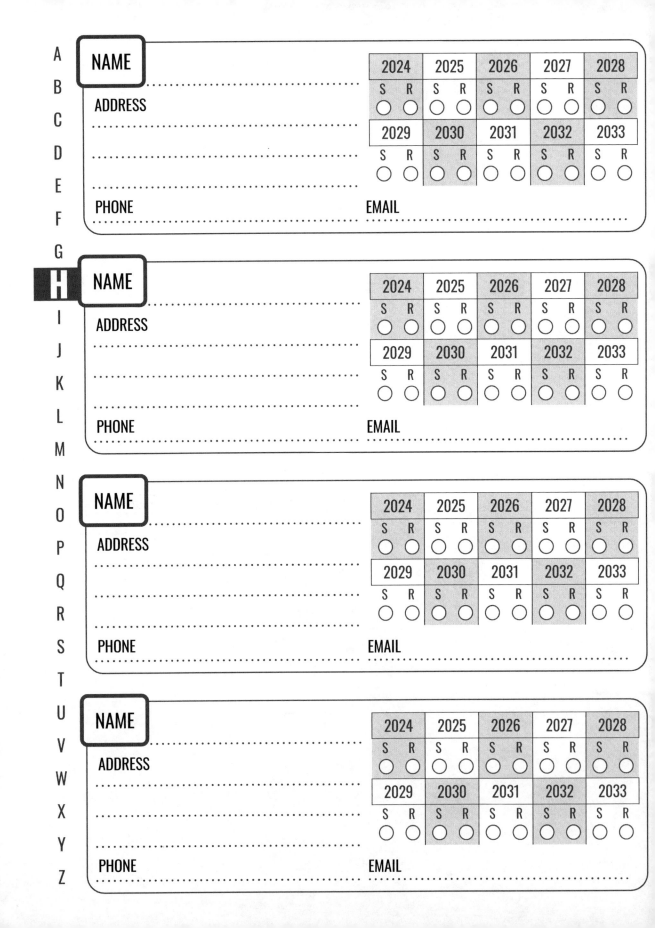

NAME

ADDRESS

2024	2025	2026	2027	2028
S R	S R	S R	S R	S R
○ ○	○ ○	○ ○	○ ○	○ ○

2029	2030	2031	2032	2033
S R	S R	S R	S R	S R
○ ○	○ ○	○ ○	○ ○	○ ○

PHONE **EMAIL**

NAME

ADDRESS

2024	2025	2026	2027	2028
S R	S R	S R	S R	S R
○ ○	○ ○	○ ○	○ ○	○ ○

2029	2030	2031	2032	2033
S R	S R	S R	S R	S R
○ ○	○ ○	○ ○	○ ○	○ ○

PHONE **EMAIL**

NAME

ADDRESS

2024	2025	2026	2027	2028
S R	S R	S R	S R	S R
○ ○	○ ○	○ ○	○ ○	○ ○

2029	2030	2031	2032	2033
S R	S R	S R	S R	S R
○ ○	○ ○	○ ○	○ ○	○ ○

PHONE **EMAIL**

NAME

ADDRESS

2024	2025	2026	2027	2028
S R	S R	S R	S R	S R
○ ○	○ ○	○ ○	○ ○	○ ○

2029	2030	2031	2032	2033
S R	S R	S R	S R	S R
○ ○	○ ○	○ ○	○ ○	○ ○

PHONE **EMAIL**

A
B
C
D
E
F
G
H
I
J
K
L
M
N
O
P
Q
R
S
T
U
V
W
X
Y
Z

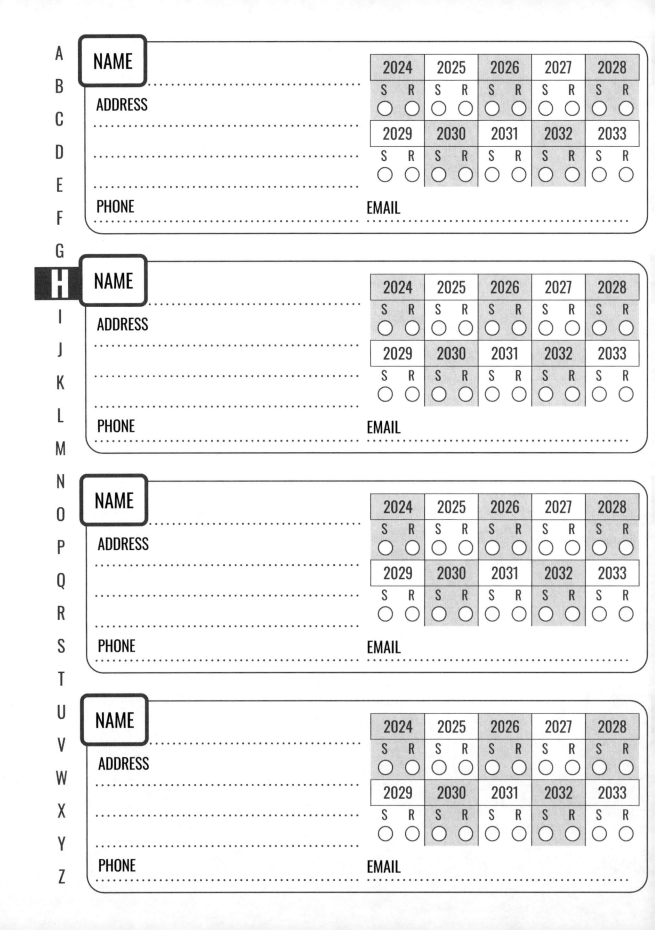

NAME

....

ADDRESS

....

....

....

PHONE .... **EMAIL** ....

2024		2025		2026		2027		2028	
S	R	S	R	S	R	S	R	S	R
○	○	○	○	○	○	○	○	○	○

2029		2030		2031		2032		2033	
S	R	S	R	S	R	S	R	S	R
○	○	○	○	○	○	○	○	○	○

NAME

....

ADDRESS

....

....

....

PHONE .... **EMAIL** ....

2024		2025		2026		2027		2028	
S	R	S	R	S	R	S	R	S	R
○	○	○	○	○	○	○	○	○	○

2029		2030		2031		2032		2033	
S	R	S	R	S	R	S	R	S	R
○	○	○	○	○	○	○	○	○	○

NAME

....

ADDRESS

....

....

....

PHONE .... **EMAIL** ....

2024		2025		2026		2027		2028	
S	R	S	R	S	R	S	R	S	R
○	○	○	○	○	○	○	○	○	○

2029		2030		2031		2032		2033	
S	R	S	R	S	R	S	R	S	R
○	○	○	○	○	○	○	○	○	○

NAME

....

ADDRESS

....

....

....

PHONE .... **EMAIL** ....

2024		2025		2026		2027		2028	
S	R	S	R	S	R	S	R	S	R
○	○	○	○	○	○	○	○	○	○

2029		2030		2031		2032		2033	
S	R	S	R	S	R	S	R	S	R
○	○	○	○	○	○	○	○	○	○

A B C D E F G **H** I J K L M N O P Q R S T U V W X Y Z

A
B
C
D
E
F
G
H
I
J
K
L
M
N
O
P
Q
R
S
T
U
V
W
X
Y
Z

NAME

ADDRESS

PHONE   EMAIL

2024	2025	2026	2027	2028
S R	S R	S R	S R	S R
○ ○	○ ○	○ ○	○ ○	○ ○

2029	2030	2031	2032	2033
S R	S R	S R	S R	S R
○ ○	○ ○	○ ○	○ ○	○ ○

NAME

ADDRESS

PHONE   EMAIL

2024	2025	2026	2027	2028
S R	S R	S R	S R	S R
○ ○	○ ○	○ ○	○ ○	○ ○

2029	2030	2031	2032	2033
S R	S R	S R	S R	S R
○ ○	○ ○	○ ○	○ ○	○ ○

NAME

ADDRESS

PHONE   EMAIL

2024	2025	2026	2027	2028
S R	S R	S R	S R	S R
○ ○	○ ○	○ ○	○ ○	○ ○

2029	2030	2031	2032	2033
S R	S R	S R	S R	S R
○ ○	○ ○	○ ○	○ ○	○ ○

NAME

ADDRESS

PHONE   EMAIL

2024	2025	2026	2027	2028
S R	S R	S R	S R	S R
○ ○	○ ○	○ ○	○ ○	○ ○

2029	2030	2031	2032	2033
S R	S R	S R	S R	S R
○ ○	○ ○	○ ○	○ ○	○ ○

NAME

ADDRESS

2024	2025	2026	2027	2028
S R	S R	S R	S R	S R
○ ○	○ ○	○ ○	○ ○	○ ○

2029	2030	2031	2032	2033
S R	S R	S R	S R	S R
○ ○	○ ○	○ ○	○ ○	○ ○

PHONE

EMAIL

NAME

ADDRESS

2024	2025	2026	2027	2028
S R	S R	S R	S R	S R
○ ○	○ ○	○ ○	○ ○	○ ○

2029	2030	2031	2032	2033
S R	S R	S R	S R	S R
○ ○	○ ○	○ ○	○ ○	○ ○

PHONE

EMAIL

NAME

ADDRESS

2024	2025	2026	2027	2028
S R	S R	S R	S R	S R
○ ○	○ ○	○ ○	○ ○	○ ○

2029	2030	2031	2032	2033
S R	S R	S R	S R	S R
○ ○	○ ○	○ ○	○ ○	○ ○

PHONE

EMAIL

NAME

ADDRESS

2024	2025	2026	2027	2028
S R	S R	S R	S R	S R
○ ○	○ ○	○ ○	○ ○	○ ○

2029	2030	2031	2032	2033
S R	S R	S R	S R	S R
○ ○	○ ○	○ ○	○ ○	○ ○

PHONE

EMAIL

A B C D E F G H I J K L M N O P Q R S T U V W X Y Z

A
B
C
D
E
F
G
H
I
J
K
L
M
N
O
P
Q
R
S
T
U
V
W
X
Y
Z

NAME

ADDRESS

2024		2025		2026		2027		2028	
S	R	S	R	S	R	S	R	S	R
○	○	○	○	○	○	○	○	○	○

2029		2030		2031		2032		2033	
S	R	S	R	S	R	S	R	S	R
○	○	○	○	○	○	○	○	○	○

PHONE

EMAIL

NAME

ADDRESS

2024		2025		2026		2027		2028	
S	R	S	R	S	R	S	R	S	R
○	○	○	○	○	○	○	○	○	○

2029		2030		2031		2032		2033	
S	R	S	R	S	R	S	R	S	R
○	○	○	○	○	○	○	○	○	○

PHONE

EMAIL

NAME

ADDRESS

2024		2025		2026		2027		2028	
S	R	S	R	S	R	S	R	S	R
○	○	○	○	○	○	○	○	○	○

2029		2030		2031		2032		2033	
S	R	S	R	S	R	S	R	S	R
○	○	○	○	○	○	○	○	○	○

PHONE

EMAIL

NAME

ADDRESS

2024		2025		2026		2027		2028	
S	R	S	R	S	R	S	R	S	R
○	○	○	○	○	○	○	○	○	○

2029		2030		2031		2032		2033	
S	R	S	R	S	R	S	R	S	R
○	○	○	○	○	○	○	○	○	○

PHONE

EMAIL

NAME

ADDRESS

PHONE   EMAIL

2024		2025		2026		2027		2028	
S	R	S	R	S	R	S	R	S	R
○	○	○	○	○	○	○	○	○	○
2029		2030		2031		2032		2033	
S	R	S	R	S	R	S	R	S	R
○	○	○	○	○	○	○	○	○	○

NAME

ADDRESS

PHONE   EMAIL

2024		2025		2026		2027		2028	
S	R	S	R	S	R	S	R	S	R
○	○	○	○	○	○	○	○	○	○
2029		2030		2031		2032		2033	
S	R	S	R	S	R	S	R	S	R
○	○	○	○	○	○	○	○	○	○

NAME

ADDRESS

PHONE   EMAIL

2024		2025		2026		2027		2028	
S	R	S	R	S	R	S	R	S	R
○	○	○	○	○	○	○	○	○	○
2029		2030		2031		2032		2033	
S	R	S	R	S	R	S	R	S	R
○	○	○	○	○	○	○	○	○	○

NAME

ADDRESS

PHONE   EMAIL

2024		2025		2026		2027		2028	
S	R	S	R	S	R	S	R	S	R
○	○	○	○	○	○	○	○	○	○
2029		2030		2031		2032		2033	
S	R	S	R	S	R	S	R	S	R
○	○	○	○	○	○	○	○	○	○

A B C D E F G H **I** J K L M N O P Q R S T U V W X Y Z

A
B
C
D
E
F
G
H
I
J
K
L
M
N
O
P
Q
R
S
T
U
V
W
X
Y
Z

NAME

ADDRESS

PHONE   EMAIL

2024	2025	2026	2027	2028
S R	S R	S R	S R	S R
○ ○	○ ○	○ ○	○ ○	○ ○

2029	2030	2031	2032	2033
S R	S R	S R	S R	S R
○ ○	○ ○	○ ○	○ ○	○ ○

NAME

ADDRESS

PHONE   EMAIL

2024	2025	2026	2027	2028
S R	S R	S R	S R	S R
○ ○	○ ○	○ ○	○ ○	○ ○

2029	2030	2031	2032	2033
S R	S R	S R	S R	S R
○ ○	○ ○	○ ○	○ ○	○ ○

NAME

ADDRESS

PHONE   EMAIL

2024	2025	2026	2027	2028
S R	S R	S R	S R	S R
○ ○	○ ○	○ ○	○ ○	○ ○

2029	2030	2031	2032	2033
S R	S R	S R	S R	S R
○ ○	○ ○	○ ○	○ ○	○ ○

NAME

ADDRESS

PHONE   EMAIL

2024	2025	2026	2027	2028
S R	S R	S R	S R	S R
○ ○	○ ○	○ ○	○ ○	○ ○

2029	2030	2031	2032	2033
S R	S R	S R	S R	S R
○ ○	○ ○	○ ○	○ ○	○ ○

NAME

ADDRESS

PHONE   **EMAIL**

2024	2025	2026	2027	2028
S R	S R	S R	S R	S R
○ ○	○ ○	○ ○	○ ○	○ ○

2029	2030	2031	2032	2033
S R	S R	S R	S R	S R
○ ○	○ ○	○ ○	○ ○	○ ○

NAME

ADDRESS

PHONE   **EMAIL**

2024	2025	2026	2027	2028
S R	S R	S R	S R	S R
○ ○	○ ○	○ ○	○ ○	○ ○

2029	2030	2031	2032	2033
S R	S R	S R	S R	S R
○ ○	○ ○	○ ○	○ ○	○ ○

NAME

ADDRESS

PHONE   **EMAIL**

2024	2025	2026	2027	2028
S R	S R	S R	S R	S R
○ ○	○ ○	○ ○	○ ○	○ ○

2029	2030	2031	2032	2033
S R	S R	S R	S R	S R
○ ○	○ ○	○ ○	○ ○	○ ○

NAME

ADDRESS

PHONE   **EMAIL**

2024	2025	2026	2027	2028
S R	S R	S R	S R	S R
○ ○	○ ○	○ ○	○ ○	○ ○

2029	2030	2031	2032	2033
S R	S R	S R	S R	S R
○ ○	○ ○	○ ○	○ ○	○ ○

A B C D E F G H I J K L M N O P Q R S T U V W X Y Z

A
B
C
D
E
F

NAME

ADDRESS

PHONE   EMAIL

2024		2025		2026		2027		2028	
S	R	S	R	S	R	S	R	S	R
○	○	○	○	○	○	○	○	○	○

2029		2030		2031		2032		2033	
S	R	S	R	S	R	S	R	S	R
○	○	○	○	○	○	○	○	○	○

G
H
I
J
K
L
M

NAME

ADDRESS

PHONE   EMAIL

2024		2025		2026		2027		2028	
S	R	S	R	S	R	S	R	S	R
○	○	○	○	○	○	○	○	○	○

2029		2030		2031		2032		2033	
S	R	S	R	S	R	S	R	S	R
○	○	○	○	○	○	○	○	○	○

N
O
P
Q
R
S
T

NAME

ADDRESS

PHONE   EMAIL

2024		2025		2026		2027		2028	
S	R	S	R	S	R	S	R	S	R
○	○	○	○	○	○	○	○	○	○

2029		2030		2031		2032		2033	
S	R	S	R	S	R	S	R	S	R
○	○	○	○	○	○	○	○	○	○

U
V
W
X
Y
Z

NAME

ADDRESS

PHONE   EMAIL

2024		2025		2026		2027		2028	
S	R	S	R	S	R	S	R	S	R
○	○	○	○	○	○	○	○	○	○

2029		2030		2031		2032		2033	
S	R	S	R	S	R	S	R	S	R
○	○	○	○	○	○	○	○	○	○

NAME

ADDRESS

PHONE   EMAIL

2024		2025		2026		2027		2028	
S	R	S	R	S	R	S	R	S	R
○	○	○	○	○	○	○	○	○	○

2029		2030		2031		2032		2033	
S	R	S	R	S	R	S	R	S	R
○	○	○	○	○	○	○	○	○	○

NAME

ADDRESS

PHONE   EMAIL

2024		2025		2026		2027		2028	
S	R	S	R	S	R	S	R	S	R
○	○	○	○	○	○	○	○	○	○

2029		2030		2031		2032		2033	
S	R	S	R	S	R	S	R	S	R
○	○	○	○	○	○	○	○	○	○

NAME

ADDRESS

PHONE   EMAIL

2024		2025		2026		2027		2028	
S	R	S	R	S	R	S	R	S	R
○	○	○	○	○	○	○	○	○	○

2029		2030		2031		2032		2033	
S	R	S	R	S	R	S	R	S	R
○	○	○	○	○	○	○	○	○	○

NAME

ADDRESS

PHONE   EMAIL

2024		2025		2026		2027		2028	
S	R	S	R	S	R	S	R	S	R
○	○	○	○	○	○	○	○	○	○

2029		2030		2031		2032		2033	
S	R	S	R	S	R	S	R	S	R
○	○	○	○	○	○	○	○	○	○

A B C D E F G H I **J** K L M N O P Q R S T U V W X Y Z

A
B
C
D
E
F
G
H
I
J
K
L
M
N
O
P
Q
R
S
T
U
V
W
X
Y
Z

NAME

ADDRESS

PHONE EMAIL

2024		2025		2026		2027		2028	
S	R	S	R	S	R	S	R	S	R
○	○	○	○	○	○	○	○	○	○

2029		2030		2031		2032		2033	
S	R	S	R	S	R	S	R	S	R
○	○	○	○	○	○	○	○	○	○

NAME

ADDRESS

PHONE EMAIL

2024		2025		2026		2027		2028	
S	R	S	R	S	R	S	R	S	R
○	○	○	○	○	○	○	○	○	○

2029		2030		2031		2032		2033	
S	R	S	R	S	R	S	R	S	R
○	○	○	○	○	○	○	○	○	○

NAME

ADDRESS

PHONE EMAIL

2024		2025		2026		2027		2028	
S	R	S	R	S	R	S	R	S	R
○	○	○	○	○	○	○	○	○	○

2029		2030		2031		2032		2033	
S	R	S	R	S	R	S	R	S	R
○	○	○	○	○	○	○	○	○	○

NAME

ADDRESS

PHONE EMAIL

2024		2025		2026		2027		2028	
S	R	S	R	S	R	S	R	S	R
○	○	○	○	○	○	○	○	○	○

2029		2030		2031		2032		2033	
S	R	S	R	S	R	S	R	S	R
○	○	○	○	○	○	○	○	○	○

Entry 1

NAME

ADDRESS

....

....

....

PHONE .... **EMAIL** ....

2024	2025	2026	2027	2028
S R	S R	S R	S R	S R
○ ○	○ ○	○ ○	○ ○	○ ○

2029	2030	2031	2032	2033
S R	S R	S R	S R	S R
○ ○	○ ○	○ ○	○ ○	○ ○

Entry 2

NAME

ADDRESS

....

....

....

PHONE .... **EMAIL** ....

2024	2025	2026	2027	2028
S R	S R	S R	S R	S R
○ ○	○ ○	○ ○	○ ○	○ ○

2029	2030	2031	2032	2033
S R	S R	S R	S R	S R
○ ○	○ ○	○ ○	○ ○	○ ○

Entry 3

NAME

ADDRESS

....

....

....

PHONE .... **EMAIL** ....

2024	2025	2026	2027	2028
S R	S R	S R	S R	S R
○ ○	○ ○	○ ○	○ ○	○ ○

2029	2030	2031	2032	2033
S R	S R	S R	S R	S R
○ ○	○ ○	○ ○	○ ○	○ ○

Entry 4

NAME

ADDRESS

....

....

....

PHONE .... **EMAIL** ....

2024	2025	2026	2027	2028
S R	S R	S R	S R	S R
○ ○	○ ○	○ ○	○ ○	○ ○

2029	2030	2031	2032	2033
S R	S R	S R	S R	S R
○ ○	○ ○	○ ○	○ ○	○ ○

A
B
C
D
E
F
G
H
I
J
K
L
M
N
O
P
Q
R
S
T
U
V
W
X
Y
Z

A
B
C
D
E
F
G
H
I
J
K
L
M
N
O
P
Q
R
S
T
U
V
W
X
Y
Z

NAME

ADDRESS

PHONE   EMAIL

2024	2025	2026	2027	2028
S R	S R	S R	S R	S R
○ ○	○ ○	○ ○	○ ○	○ ○

2029	2030	2031	2032	2033
S R	S R	S R	S R	S R
○ ○	○ ○	○ ○	○ ○	○ ○

NAME

ADDRESS

PHONE   EMAIL

2024	2025	2026	2027	2028
S R	S R	S R	S R	S R
○ ○	○ ○	○ ○	○ ○	○ ○

2029	2030	2031	2032	2033
S R	S R	S R	S R	S R
○ ○	○ ○	○ ○	○ ○	○ ○

NAME

ADDRESS

PHONE   EMAIL

2024	2025	2026	2027	2028
S R	S R	S R	S R	S R
○ ○	○ ○	○ ○	○ ○	○ ○

2029	2030	2031	2032	2033
S R	S R	S R	S R	S R
○ ○	○ ○	○ ○	○ ○	○ ○

NAME

ADDRESS

PHONE   EMAIL

2024	2025	2026	2027	2028
S R	S R	S R	S R	S R
○ ○	○ ○	○ ○	○ ○	○ ○

2029	2030	2031	2032	2033
S R	S R	S R	S R	S R
○ ○	○ ○	○ ○	○ ○	○ ○

NAME

ADDRESS

PHONE   EMAIL

2024	2025	2026	2027	2028
S R	S R	S R	S R	S R
○ ○	○ ○	○ ○	○ ○	○ ○

2029	2030	2031	2032	2033
S R	S R	S R	S R	S R
○ ○	○ ○	○ ○	○ ○	○ ○

NAME

ADDRESS

PHONE   EMAIL

2024	2025	2026	2027	2028
S R	S R	S R	S R	S R
○ ○	○ ○	○ ○	○ ○	○ ○

2029	2030	2031	2032	2033
S R	S R	S R	S R	S R
○ ○	○ ○	○ ○	○ ○	○ ○

NAME

ADDRESS

PHONE   EMAIL

2024	2025	2026	2027	2028
S R	S R	S R	S R	S R
○ ○	○ ○	○ ○	○ ○	○ ○

2029	2030	2031	2032	2033
S R	S R	S R	S R	S R
○ ○	○ ○	○ ○	○ ○	○ ○

NAME

ADDRESS

PHONE   EMAIL

2024	2025	2026	2027	2028
S R	S R	S R	S R	S R
○ ○	○ ○	○ ○	○ ○	○ ○

2029	2030	2031	2032	2033
S R	S R	S R	S R	S R
○ ○	○ ○	○ ○	○ ○	○ ○

A B C D E F G H I J **K** L M N O P Q R S T U V W X Y Z

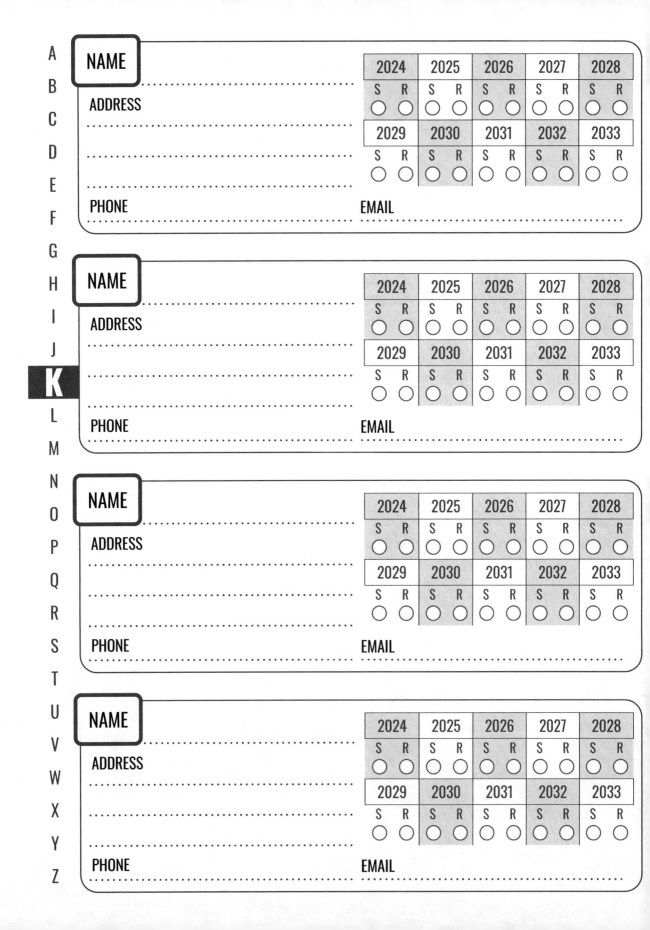

NAME

ADDRESS

PHONE   **EMAIL**

2024	2025	2026	2027	2028
S R	S R	S R	S R	S R
○ ○	○ ○	○ ○	○ ○	○ ○

2029	2030	2031	2032	2033
S R	S R	S R	S R	S R
○ ○	○ ○	○ ○	○ ○	○ ○

NAME

ADDRESS

PHONE   **EMAIL**

2024	2025	2026	2027	2028
S R	S R	S R	S R	S R
○ ○	○ ○	○ ○	○ ○	○ ○

2029	2030	2031	2032	2033
S R	S R	S R	S R	S R
○ ○	○ ○	○ ○	○ ○	○ ○

NAME

ADDRESS

PHONE   **EMAIL**

2024	2025	2026	2027	2028
S R	S R	S R	S R	S R
○ ○	○ ○	○ ○	○ ○	○ ○

2029	2030	2031	2032	2033
S R	S R	S R	S R	S R
○ ○	○ ○	○ ○	○ ○	○ ○

NAME

ADDRESS

PHONE   **EMAIL**

2024	2025	2026	2027	2028
S R	S R	S R	S R	S R
○ ○	○ ○	○ ○	○ ○	○ ○

2029	2030	2031	2032	2033
S R	S R	S R	S R	S R
○ ○	○ ○	○ ○	○ ○	○ ○

A
B
C
D
E
F
G
H
I
J
K
L
M
N
O
P
Q
R
S
T
U
V
W
X
Y
Z

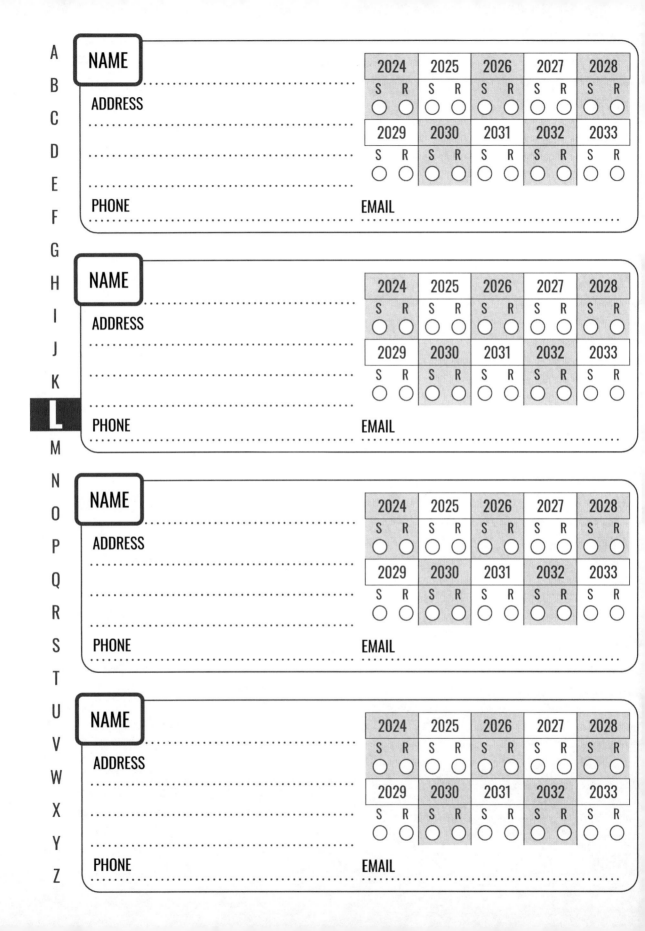

A
B
C
D
E
F
G
H
I
J
K
L
M
N
O
P
Q
R
S
T
U
V
W
X
Y
Z

NAME

ADDRESS

PHONE   EMAIL

2024		2025		2026		2027		2028	
S	R	S	R	S	R	S	R	S	R
○	○	○	○	○	○	○	○	○	○

2029		2030		2031		2032		2033	
S	R	S	R	S	R	S	R	S	R
○	○	○	○	○	○	○	○	○	○

NAME

ADDRESS

PHONE   EMAIL

2024		2025		2026		2027		2028	
S	R	S	R	S	R	S	R	S	R
○	○	○	○	○	○	○	○	○	○

2029		2030		2031		2032		2033	
S	R	S	R	S	R	S	R	S	R
○	○	○	○	○	○	○	○	○	○

NAME

ADDRESS

PHONE   EMAIL

2024		2025		2026		2027		2028	
S	R	S	R	S	R	S	R	S	R
○	○	○	○	○	○	○	○	○	○

2029		2030		2031		2032		2033	
S	R	S	R	S	R	S	R	S	R
○	○	○	○	○	○	○	○	○	○

NAME

ADDRESS

PHONE   EMAIL

2024		2025		2026		2027		2028	
S	R	S	R	S	R	S	R	S	R
○	○	○	○	○	○	○	○	○	○

2029		2030		2031		2032		2033	
S	R	S	R	S	R	S	R	S	R
○	○	○	○	○	○	○	○	○	○

NAME

ADDRESS

PHONE

EMAIL

2024	2025	2026	2027	2028
S R	S R	S R	S R	S R
○ ○	○ ○	○ ○	○ ○	○ ○

2029	2030	2031	2032	2033
S R	S R	S R	S R	S R
○ ○	○ ○	○ ○	○ ○	○ ○

NAME

ADDRESS

PHONE

EMAIL

2024	2025	2026	2027	2028
S R	S R	S R	S R	S R
○ ○	○ ○	○ ○	○ ○	○ ○

2029	2030	2031	2032	2033
S R	S R	S R	S R	S R
○ ○	○ ○	○ ○	○ ○	○ ○

NAME

ADDRESS

PHONE

EMAIL

2024	2025	2026	2027	2028
S R	S R	S R	S R	S R
○ ○	○ ○	○ ○	○ ○	○ ○

2029	2030	2031	2032	2033
S R	S R	S R	S R	S R
○ ○	○ ○	○ ○	○ ○	○ ○

NAME

ADDRESS

PHONE

EMAIL

2024	2025	2026	2027	2028
S R	S R	S R	S R	S R
○ ○	○ ○	○ ○	○ ○	○ ○

2029	2030	2031	2032	2033
S R	S R	S R	S R	S R
○ ○	○ ○	○ ○	○ ○	○ ○

A
B
C
D
E
F
G
H
I
J
K
L
M
N
O
P
Q
R
S
T
U
V
W
X
Y
Z

A
B
C
D
E
F

NAME

ADDRESS

PHONE   EMAIL

2024	2025	2026	2027	2028
S R	S R	S R	S R	S R
○ ○	○ ○	○ ○	○ ○	○ ○

2029	2030	2031	2032	2033
S R	S R	S R	S R	S R
○ ○	○ ○	○ ○	○ ○	○ ○

G
H
I
J
K
L
M

NAME

ADDRESS

PHONE   EMAIL

2024	2025	2026	2027	2028
S R	S R	S R	S R	S R
○ ○	○ ○	○ ○	○ ○	○ ○

2029	2030	2031	2032	2033
S R	S R	S R	S R	S R
○ ○	○ ○	○ ○	○ ○	○ ○

N
O
P
Q
R
S
T

NAME

ADDRESS

PHONE   EMAIL

2024	2025	2026	2027	2028
S R	S R	S R	S R	S R
○ ○	○ ○	○ ○	○ ○	○ ○

2029	2030	2031	2032	2033
S R	S R	S R	S R	S R
○ ○	○ ○	○ ○	○ ○	○ ○

U
V
W
X
Y
Z

NAME

ADDRESS

PHONE   EMAIL

2024	2025	2026	2027	2028
S R	S R	S R	S R	S R
○ ○	○ ○	○ ○	○ ○	○ ○

2029	2030	2031	2032	2033
S R	S R	S R	S R	S R
○ ○	○ ○	○ ○	○ ○	○ ○

NAME

ADDRESS

PHONE   EMAIL

2024	2025	2026	2027	2028
S R	S R	S R	S R	S R
○ ○	○ ○	○ ○	○ ○	○ ○

2029	2030	2031	2032	2033
S R	S R	S R	S R	S R
○ ○	○ ○	○ ○	○ ○	○ ○

NAME

ADDRESS

PHONE   EMAIL

2024	2025	2026	2027	2028
S R	S R	S R	S R	S R
○ ○	○ ○	○ ○	○ ○	○ ○

2029	2030	2031	2032	2033
S R	S R	S R	S R	S R
○ ○	○ ○	○ ○	○ ○	○ ○

NAME

ADDRESS

PHONE   EMAIL

2024	2025	2026	2027	2028
S R	S R	S R	S R	S R
○ ○	○ ○	○ ○	○ ○	○ ○

2029	2030	2031	2032	2033
S R	S R	S R	S R	S R
○ ○	○ ○	○ ○	○ ○	○ ○

NAME

ADDRESS

PHONE   EMAIL

2024	2025	2026	2027	2028
S R	S R	S R	S R	S R
○ ○	○ ○	○ ○	○ ○	○ ○

2029	2030	2031	2032	2033
S R	S R	S R	S R	S R
○ ○	○ ○	○ ○	○ ○	○ ○

A
B
C
D
E
F
G
H
I
J
K
L
M
N
O
P
Q
R
S
T
U
V
W
X
Y
Z

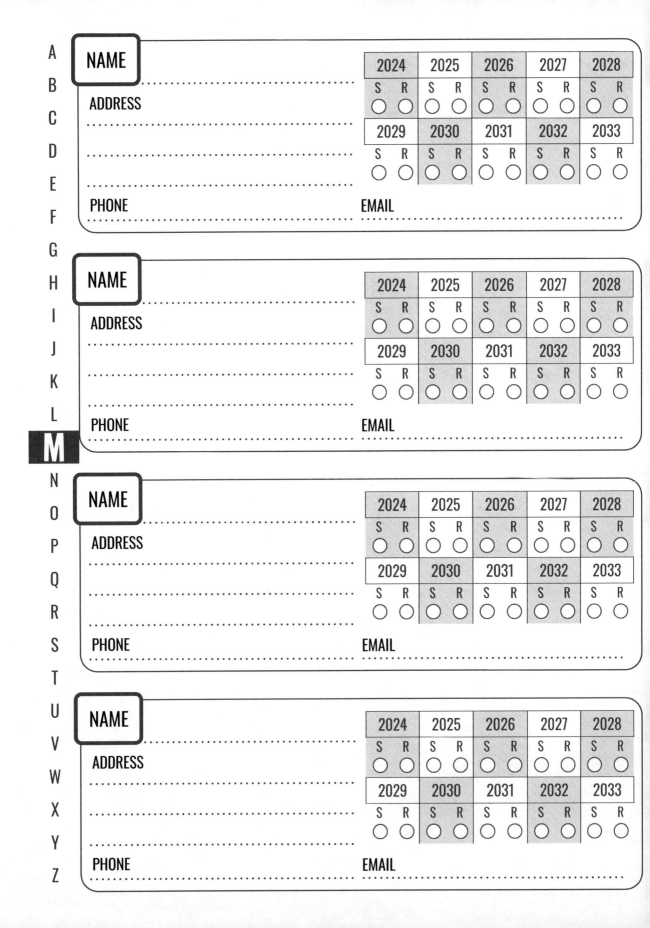

A
B
C
D
E
F

NAME

ADDRESS

PHONE   EMAIL

2024		2025		2026		2027		2028	
S	R	S	R	S	R	S	R	S	R
○	○	○	○	○	○	○	○	○	○

2029		2030		2031		2032		2033	
S	R	S	R	S	R	S	R	S	R
○	○	○	○	○	○	○	○	○	○

G
H
I
J
K
L
M

NAME

ADDRESS

PHONE   EMAIL

2024		2025		2026		2027		2028	
S	R	S	R	S	R	S	R	S	R
○	○	○	○	○	○	○	○	○	○

2029		2030		2031		2032		2033	
S	R	S	R	S	R	S	R	S	R
○	○	○	○	○	○	○	○	○	○

N
O
P
Q
R
S
T

NAME

ADDRESS

PHONE   EMAIL

2024		2025		2026		2027		2028	
S	R	S	R	S	R	S	R	S	R
○	○	○	○	○	○	○	○	○	○

2029		2030		2031		2032		2033	
S	R	S	R	S	R	S	R	S	R
○	○	○	○	○	○	○	○	○	○

U
V
W
X
Y
Z

NAME

ADDRESS

PHONE   EMAIL

2024		2025		2026		2027		2028	
S	R	S	R	S	R	S	R	S	R
○	○	○	○	○	○	○	○	○	○

2029		2030		2031		2032		2033	
S	R	S	R	S	R	S	R	S	R
○	○	○	○	○	○	○	○	○	○

NAME

ADDRESS

PHONE   EMAIL

2024		2025		2026		2027		2028	
S	R	S	R	S	R	S	R	S	R
○	○	○	○	○	○	○	○	○	○

2029		2030		2031		2032		2033	
S	R	S	R	S	R	S	R	S	R
○	○	○	○	○	○	○	○	○	○

NAME

ADDRESS

PHONE   EMAIL

2024		2025		2026		2027		2028	
S	R	S	R	S	R	S	R	S	R
○	○	○	○	○	○	○	○	○	○

2029		2030		2031		2032		2033	
S	R	S	R	S	R	S	R	S	R
○	○	○	○	○	○	○	○	○	○

NAME

ADDRESS

PHONE   EMAIL

2024		2025		2026		2027		2028	
S	R	S	R	S	R	S	R	S	R
○	○	○	○	○	○	○	○	○	○

2029		2030		2031		2032		2033	
S	R	S	R	S	R	S	R	S	R
○	○	○	○	○	○	○	○	○	○

NAME

ADDRESS

PHONE   EMAIL

2024		2025		2026		2027		2028	
S	R	S	R	S	R	S	R	S	R
○	○	○	○	○	○	○	○	○	○

2029		2030		2031		2032		2033	
S	R	S	R	S	R	S	R	S	R
○	○	○	○	○	○	○	○	○	○

A
B
C
D
E
F
G
H
I
J
K
L
M
N
O
P
Q
R
S
T
U
V
W
X
Y
Z

A
B
C
D
E
F
G
H
I
J
K
L
M
N
O
P
Q
R
S
T
U
V
W
X
Y
Z

NAME

ADDRESS

PHONE

EMAIL

2024	2025	2026	2027	2028
S R	S R	S R	S R	S R
○ ○	○ ○	○ ○	○ ○	○ ○

2029	2030	2031	2032	2033
S R	S R	S R	S R	S R
○ ○	○ ○	○ ○	○ ○	○ ○

NAME

ADDRESS

PHONE

EMAIL

2024	2025	2026	2027	2028
S R	S R	S R	S R	S R
○ ○	○ ○	○ ○	○ ○	○ ○

2029	2030	2031	2032	2033
S R	S R	S R	S R	S R
○ ○	○ ○	○ ○	○ ○	○ ○

NAME

ADDRESS

PHONE

EMAIL

2024	2025	2026	2027	2028
S R	S R	S R	S R	S R
○ ○	○ ○	○ ○	○ ○	○ ○

2029	2030	2031	2032	2033
S R	S R	S R	S R	S R
○ ○	○ ○	○ ○	○ ○	○ ○

NAME

ADDRESS

PHONE

EMAIL

2024	2025	2026	2027	2028
S R	S R	S R	S R	S R
○ ○	○ ○	○ ○	○ ○	○ ○

2029	2030	2031	2032	2033
S R	S R	S R	S R	S R
○ ○	○ ○	○ ○	○ ○	○ ○

NAME

ADDRESS

2024		2025		2026		2027		2028	
S	R	S	R	S	R	S	R	S	R
○	○	○	○	○	○	○	○	○	○

2029		2030		2031		2032		2033	
S	R	S	R	S	R	S	R	S	R
○	○	○	○	○	○	○	○	○	○

PHONE

EMAIL

NAME

ADDRESS

2024		2025		2026		2027		2028	
S	R	S	R	S	R	S	R	S	R
○	○	○	○	○	○	○	○	○	○

2029		2030		2031		2032		2033	
S	R	S	R	S	R	S	R	S	R
○	○	○	○	○	○	○	○	○	○

PHONE

EMAIL

NAME

ADDRESS

2024		2025		2026		2027		2028	
S	R	S	R	S	R	S	R	S	R
○	○	○	○	○	○	○	○	○	○

2029		2030		2031		2032		2033	
S	R	S	R	S	R	S	R	S	R
○	○	○	○	○	○	○	○	○	○

PHONE

EMAIL

NAME

ADDRESS

2024		2025		2026		2027		2028	
S	R	S	R	S	R	S	R	S	R
○	○	○	○	○	○	○	○	○	○

2029		2030		2031		2032		2033	
S	R	S	R	S	R	S	R	S	R
○	○	○	○	○	○	○	○	○	○

PHONE

EMAIL

A B C D E F G H I J K L **M** N O P Q R S T U V W X Y Z

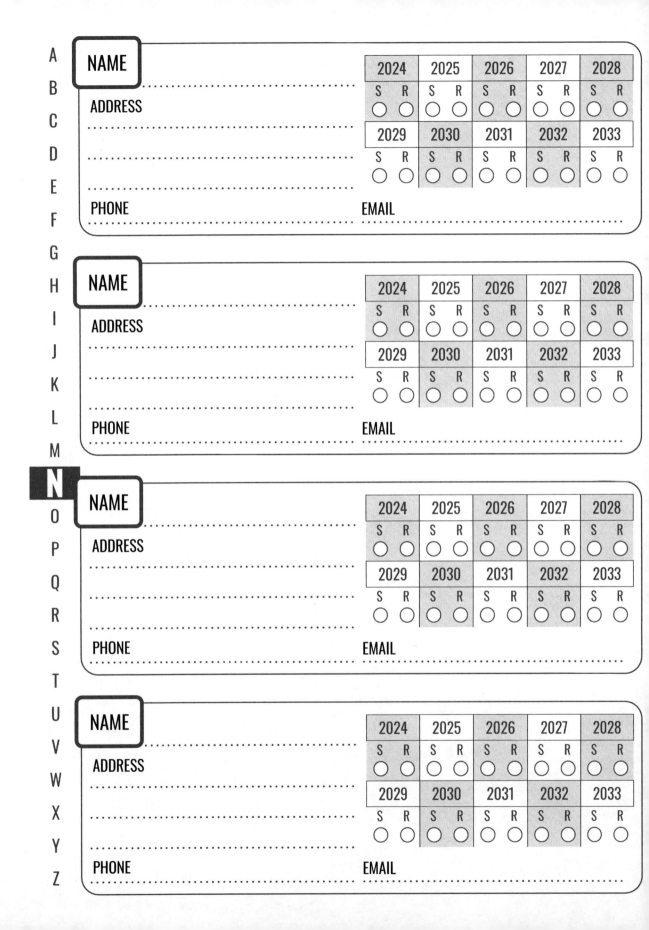

NAME

ADDRESS

2024		2025		2026		2027		2028	
S	R	S	R	S	R	S	R	S	R
○	○	○	○	○	○	○	○	○	○

2029		2030		2031		2032		2033	
S	R	S	R	S	R	S	R	S	R
○	○	○	○	○	○	○	○	○	○

PHONE   EMAIL

NAME

ADDRESS

2024		2025		2026		2027		2028	
S	R	S	R	S	R	S	R	S	R
○	○	○	○	○	○	○	○	○	○

2029		2030		2031		2032		2033	
S	R	S	R	S	R	S	R	S	R
○	○	○	○	○	○	○	○	○	○

PHONE   EMAIL

NAME

ADDRESS

2024		2025		2026		2027		2028	
S	R	S	R	S	R	S	R	S	R
○	○	○	○	○	○	○	○	○	○

2029		2030		2031		2032		2033	
S	R	S	R	S	R	S	R	S	R
○	○	○	○	○	○	○	○	○	○

PHONE   EMAIL

NAME

ADDRESS

2024		2025		2026		2027		2028	
S	R	S	R	S	R	S	R	S	R
○	○	○	○	○	○	○	○	○	○

2029		2030		2031		2032		2033	
S	R	S	R	S	R	S	R	S	R
○	○	○	○	○	○	○	○	○	○

PHONE   EMAIL

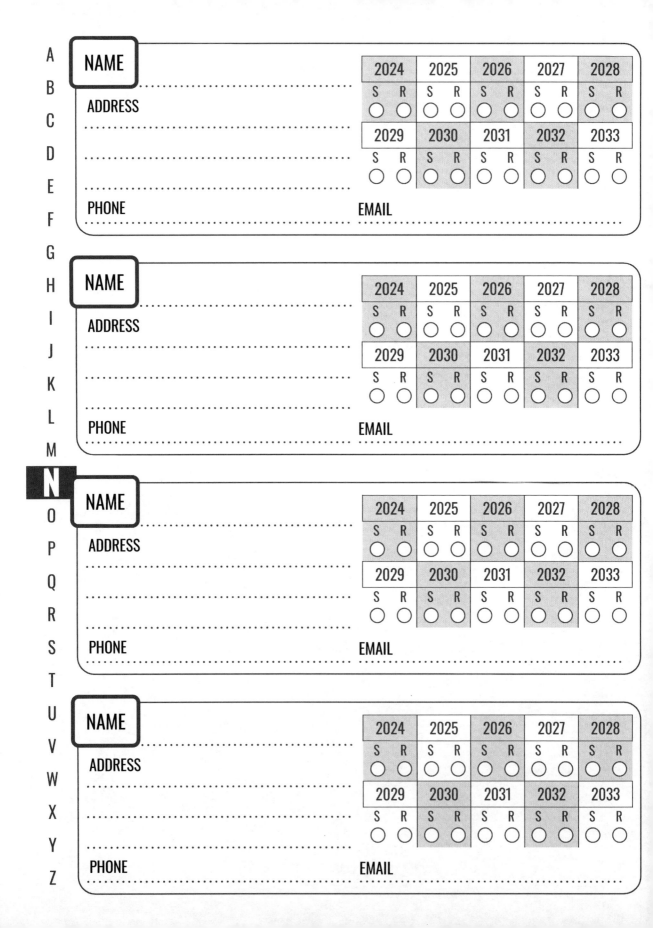

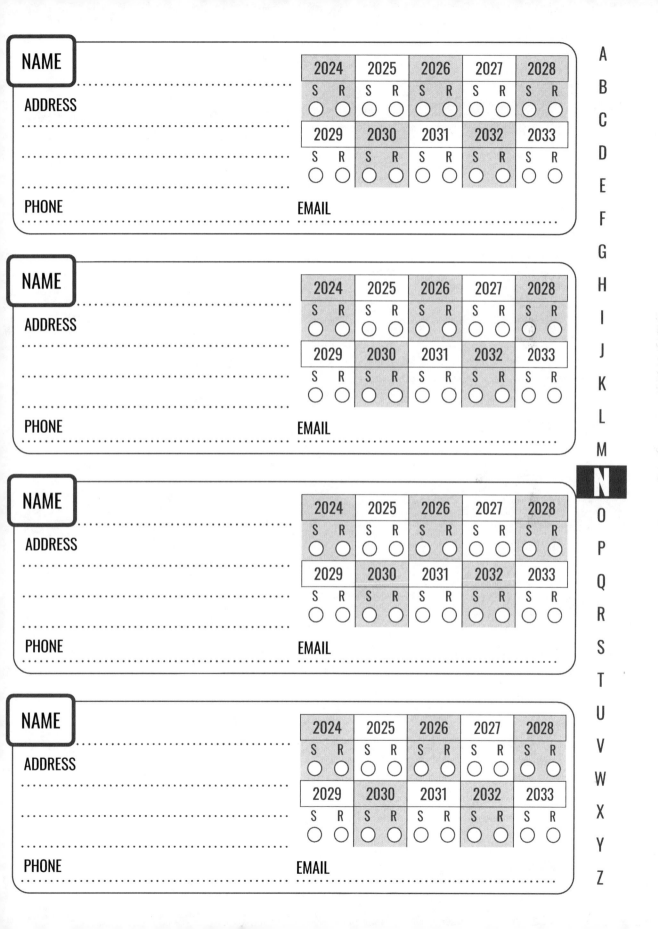

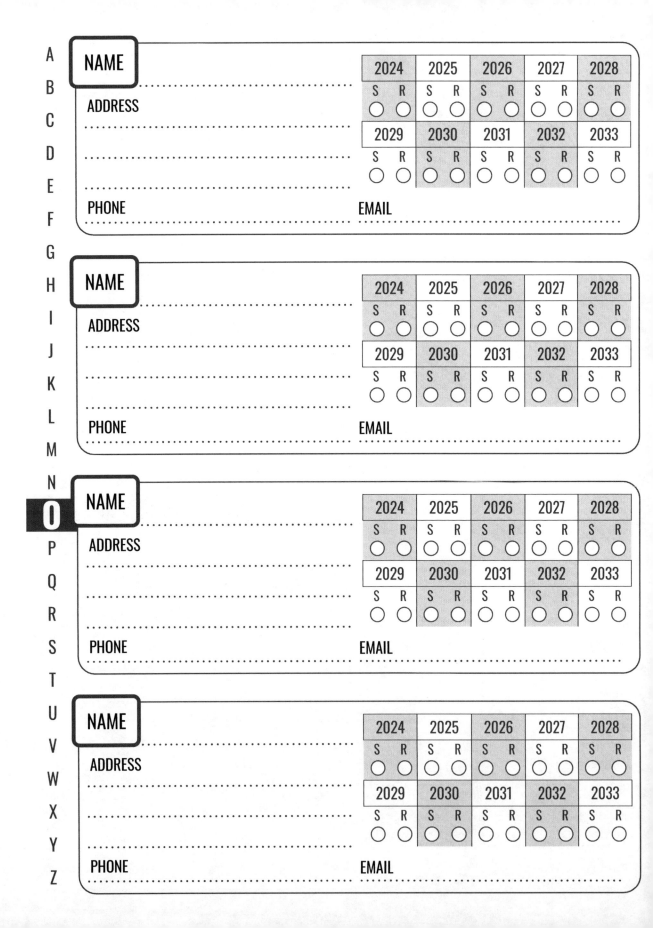

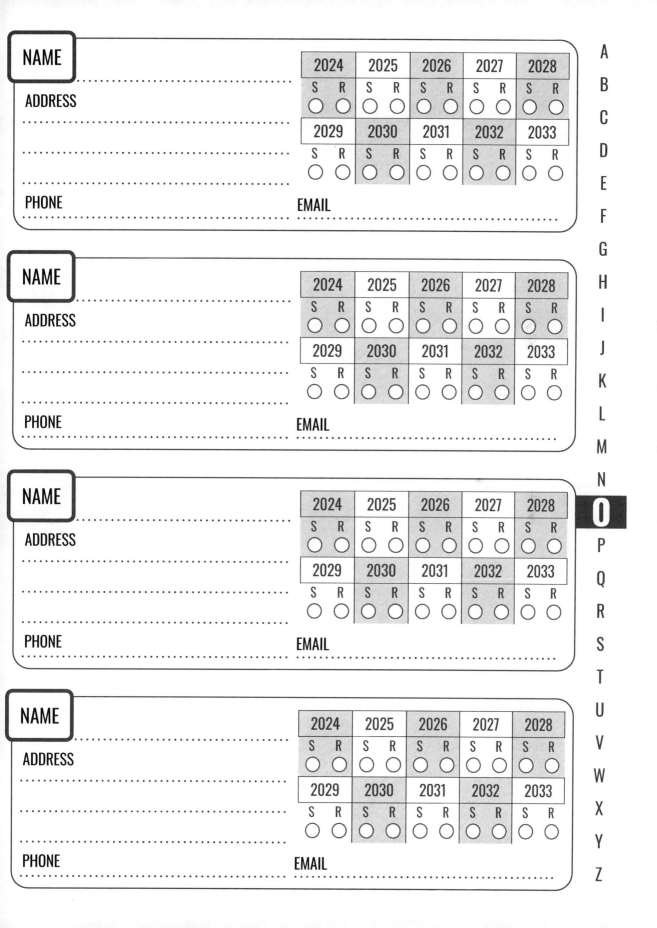

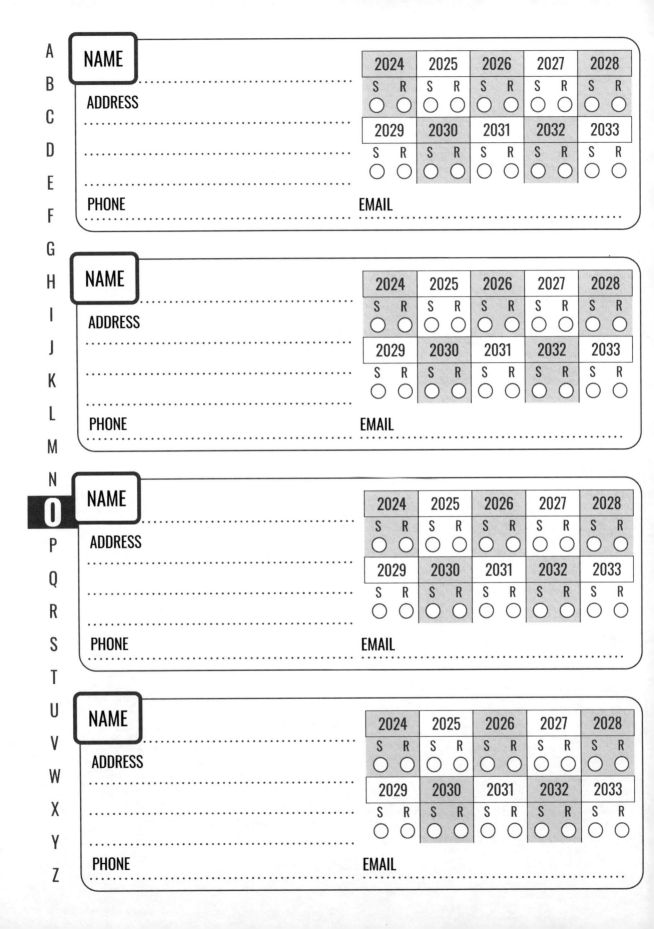

A
B
C
D
E
F
G
H
I
J
K
L
M
N
O
P
Q
R
S
T
U
V
W
X
Y
Z

NAME

ADDRESS

PHONE   EMAIL

2024	2025	2026	2027	2028
S R	S R	S R	S R	S R
○ ○	○ ○	○ ○	○ ○	○ ○

2029	2030	2031	2032	2033
S R	S R	S R	S R	S R
○ ○	○ ○	○ ○	○ ○	○ ○

NAME

ADDRESS

PHONE   EMAIL

2024	2025	2026	2027	2028
S R	S R	S R	S R	S R
○ ○	○ ○	○ ○	○ ○	○ ○

2029	2030	2031	2032	2033
S R	S R	S R	S R	S R
○ ○	○ ○	○ ○	○ ○	○ ○

NAME

ADDRESS

PHONE   EMAIL

2024	2025	2026	2027	2028
S R	S R	S R	S R	S R
○ ○	○ ○	○ ○	○ ○	○ ○

2029	2030	2031	2032	2033
S R	S R	S R	S R	S R
○ ○	○ ○	○ ○	○ ○	○ ○

NAME

ADDRESS

PHONE   EMAIL

2024	2025	2026	2027	2028
S R	S R	S R	S R	S R
○ ○	○ ○	○ ○	○ ○	○ ○

2029	2030	2031	2032	2033
S R	S R	S R	S R	S R
○ ○	○ ○	○ ○	○ ○	○ ○

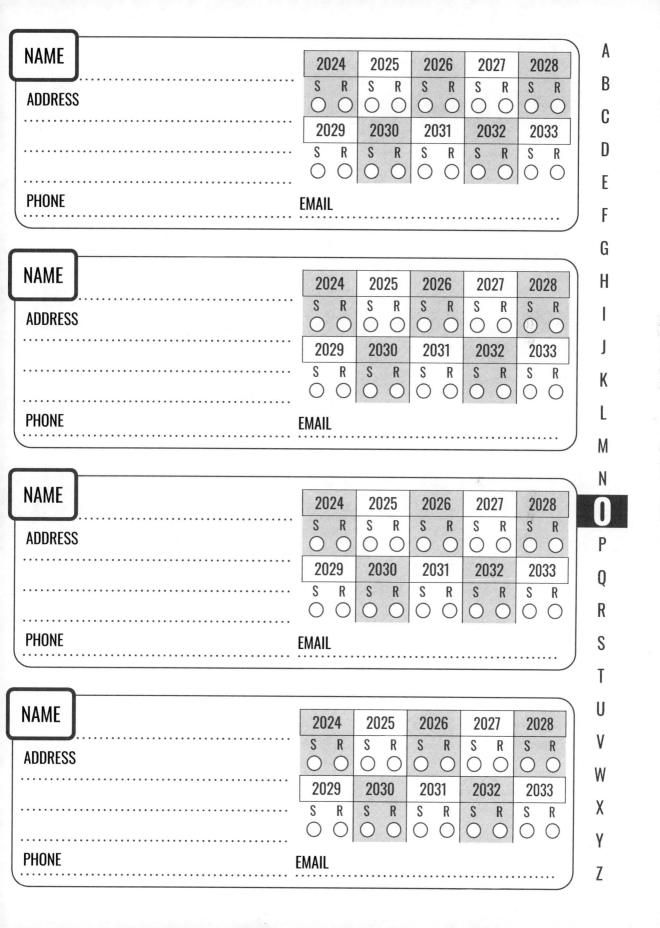

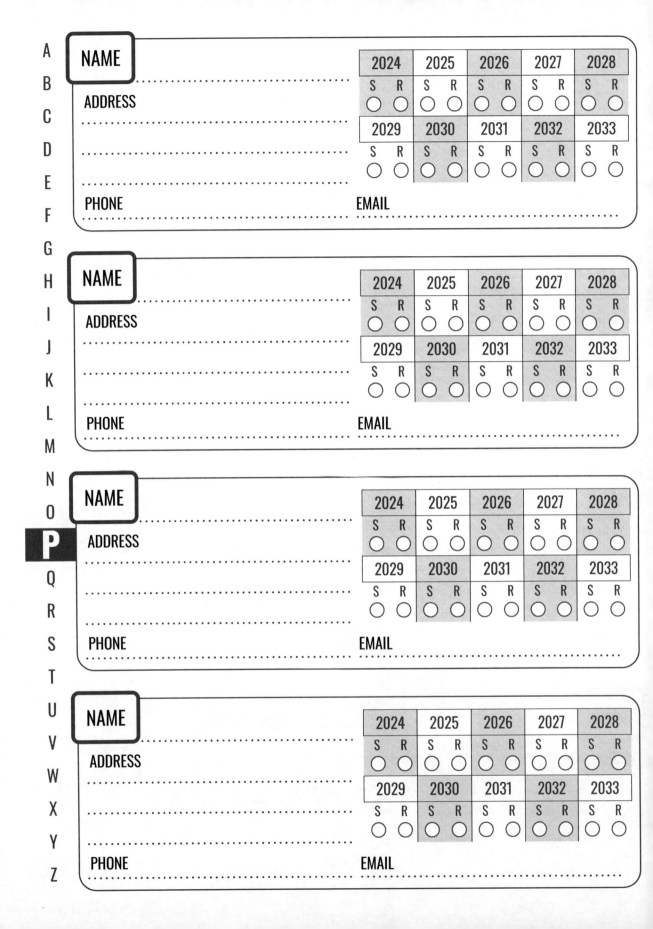

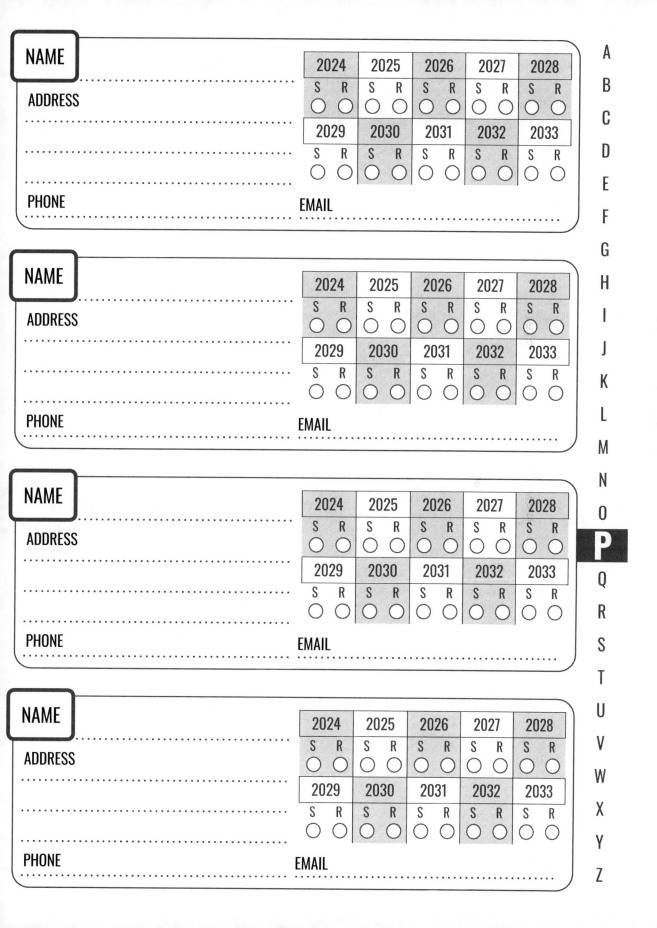

A
B
C
D
E
F
G
H
I
J
K
L
M
N
O
P
Q
R
S
T
U
V
W
X
Y
Z

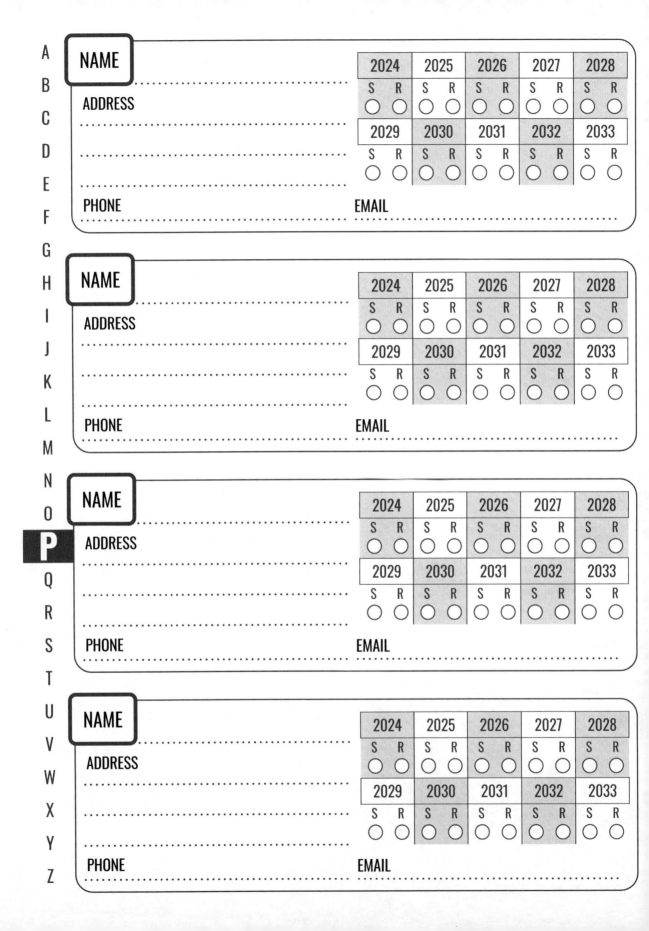

NAME

ADDRESS

PHONE   EMAIL

2024	2025	2026	2027	2028
S R	S R	S R	S R	S R
○ ○	○ ○	○ ○	○ ○	○ ○

2029	2030	2031	2032	2033
S R	S R	S R	S R	S R
○ ○	○ ○	○ ○	○ ○	○ ○

NAME

ADDRESS

PHONE   EMAIL

2024	2025	2026	2027	2028
S R	S R	S R	S R	S R
○ ○	○ ○	○ ○	○ ○	○ ○

2029	2030	2031	2032	2033
S R	S R	S R	S R	S R
○ ○	○ ○	○ ○	○ ○	○ ○

NAME

ADDRESS

PHONE   EMAIL

2024	2025	2026	2027	2028
S R	S R	S R	S R	S R
○ ○	○ ○	○ ○	○ ○	○ ○

2029	2030	2031	2032	2033
S R	S R	S R	S R	S R
○ ○	○ ○	○ ○	○ ○	○ ○

NAME

ADDRESS

PHONE   EMAIL

2024	2025	2026	2027	2028
S R	S R	S R	S R	S R
○ ○	○ ○	○ ○	○ ○	○ ○

2029	2030	2031	2032	2033
S R	S R	S R	S R	S R
○ ○	○ ○	○ ○	○ ○	○ ○

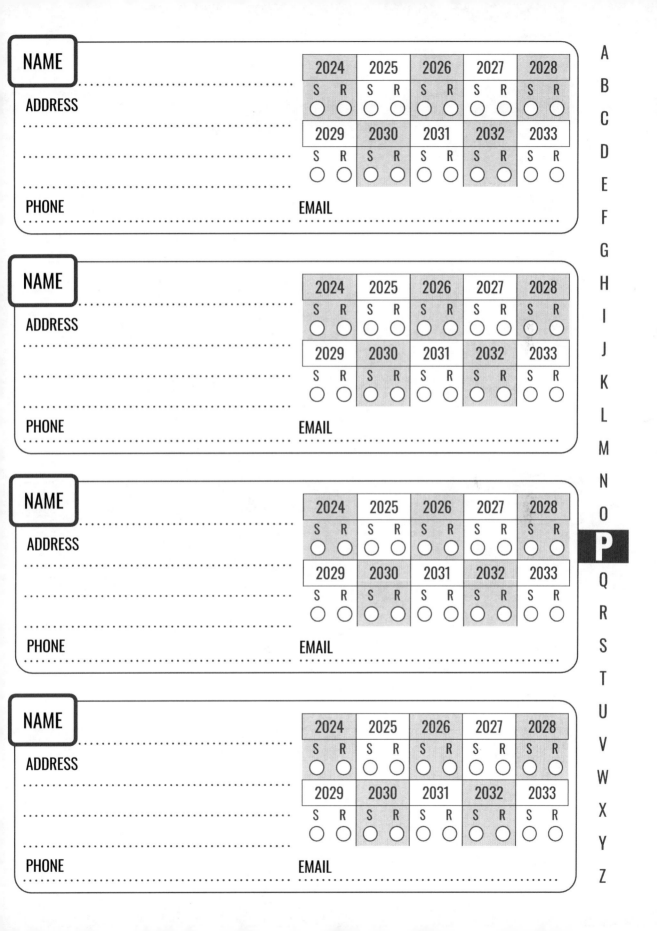

NAME

ADDRESS

PHONE   EMAIL

2024	2025	2026	2027	2028
S R	S R	S R	S R	S R
○ ○	○ ○	○ ○	○ ○	○ ○

2029	2030	2031	2032	2033
S R	S R	S R	S R	S R
○ ○	○ ○	○ ○	○ ○	○ ○

NAME

ADDRESS

PHONE   EMAIL

2024	2025	2026	2027	2028
S R	S R	S R	S R	S R
○ ○	○ ○	○ ○	○ ○	○ ○

2029	2030	2031	2032	2033
S R	S R	S R	S R	S R
○ ○	○ ○	○ ○	○ ○	○ ○

NAME

ADDRESS

PHONE   EMAIL

2024	2025	2026	2027	2028
S R	S R	S R	S R	S R
○ ○	○ ○	○ ○	○ ○	○ ○

2029	2030	2031	2032	2033
S R	S R	S R	S R	S R
○ ○	○ ○	○ ○	○ ○	○ ○

NAME

ADDRESS

PHONE   EMAIL

2024	2025	2026	2027	2028
S R	S R	S R	S R	S R
○ ○	○ ○	○ ○	○ ○	○ ○

2029	2030	2031	2032	2033
S R	S R	S R	S R	S R
○ ○	○ ○	○ ○	○ ○	○ ○

A
B
C
D
E
F
G
H
I
J
K
L
M
N
O
P
Q
R
S
T
U
V
W
X
Y
Z

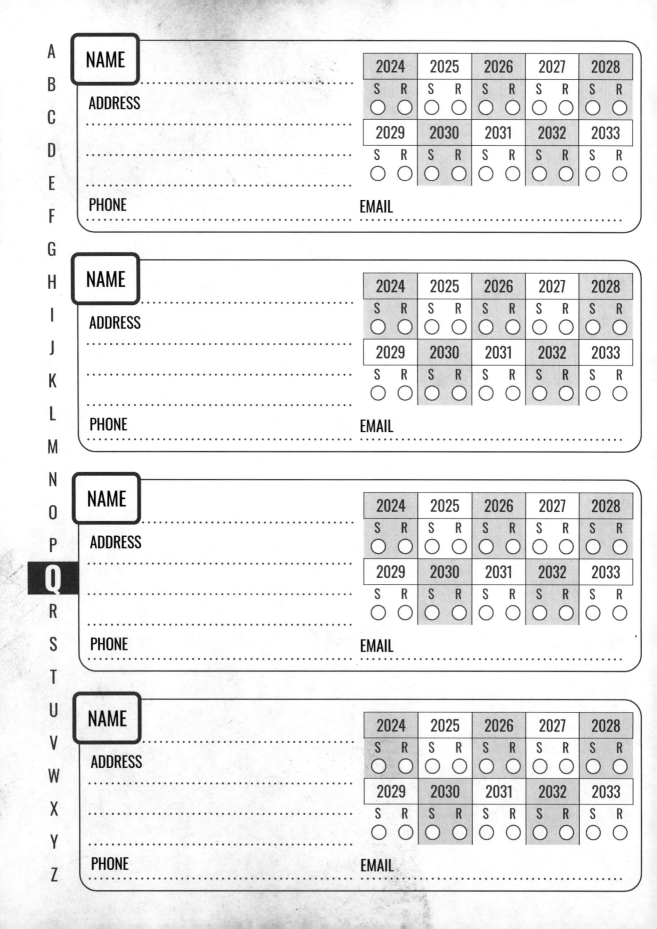

Entry 1

NAME ....

ADDRESS

....

....

....

PHONE .... **EMAIL** ....

2024	2025	2026	2027	2028
S R	S R	S R	S R	S R
○ ○	○ ○	○ ○	○ ○	○ ○

2029	2030	2031	2032	2033
S R	S R	S R	S R	S R
○ ○	○ ○	○ ○	○ ○	○ ○

Entry 2

NAME ....

ADDRESS

....

....

PHONE .... **EMAIL** ....

2024	2025	2026	2027	2028
S R	S R	S R	S R	S R
○ ○	○ ○	○ ○	○ ○	○ ○

2029	2030	2031	2032	2033
S R	S R	S R	S R	S R
○ ○	○ ○	○ ○	○ ○	○ ○

Entry 3

NAME ....

ADDRESS

....

....

....

PHONE .... **EMAIL** ....

2024	2025	2026	2027	2028
S R	S R	S R	S R	S R
○ ○	○ ○	○ ○	○ ○	○ ○

2029	2030	2031	2032	2033
S R	S R	S R	S R	S R
○ ○	○ ○	○ ○	○ ○	○ ○

Entry 4

NAME ....

ADDRESS

....

....

....

PHONE .... **EMAIL** ....

2024	2025	2026	2027	2028
S R	S R	S R	S R	S R
○ ○	○ ○	○ ○	○ ○	○ ○

2029	2030	2031	2032	2033
S R	S R	S R	S R	S R
○ ○	○ ○	○ ○	○ ○	○ ○

A B C D E F G H I J K L M N O P **Q** R S T U V W X Y Z

A
B
C
D
E
F

NAME

ADDRESS

PHONE   EMAIL

2024		2025		2026		2027		2028	
S	R	S	R	S	R	S	R	S	R
○	○	○	○	○	○	○	○	○	○

2029		2030		2031		2032		2033	
S	R	S	R	S	R	S	R	S	R
○	○	○	○	○	○	○	○	○	○

G
H
I
J
K
L
M

NAME

ADDRESS

PHONE   EMAIL

2024		2025		2026		2027		2028	
S	R	S	R	S	R	S	R	S	R
○	○	○	○	○	○	○	○	○	○

2029		2030		2031		2032		2033	
S	R	S	R	S	R	S	R	S	R
○	○	○	○	○	○	○	○	○	○

N
O
P
Q
R
S
T

NAME

ADDRESS

PHONE   EMAIL

2024		2025		2026		2027		2028	
S	R	S	R	S	R	S	R	S	R
○	○	○	○	○	○	○	○	○	○

2029		2030		2031		2032		2033	
S	R	S	R	S	R	S	R	S	R
○	○	○	○	○	○	○	○	○	○

U
V
W
X
Y
Z

NAME

ADDRESS

PHONE   EMAIL

2024		2025		2026		2027		2028	
S	R	S	R	S	R	S	R	S	R
○	○	○	○	○	○	○	○	○	○

2029		2030		2031		2032		2033	
S	R	S	R	S	R	S	R	S	R
○	○	○	○	○	○	○	○	○	○

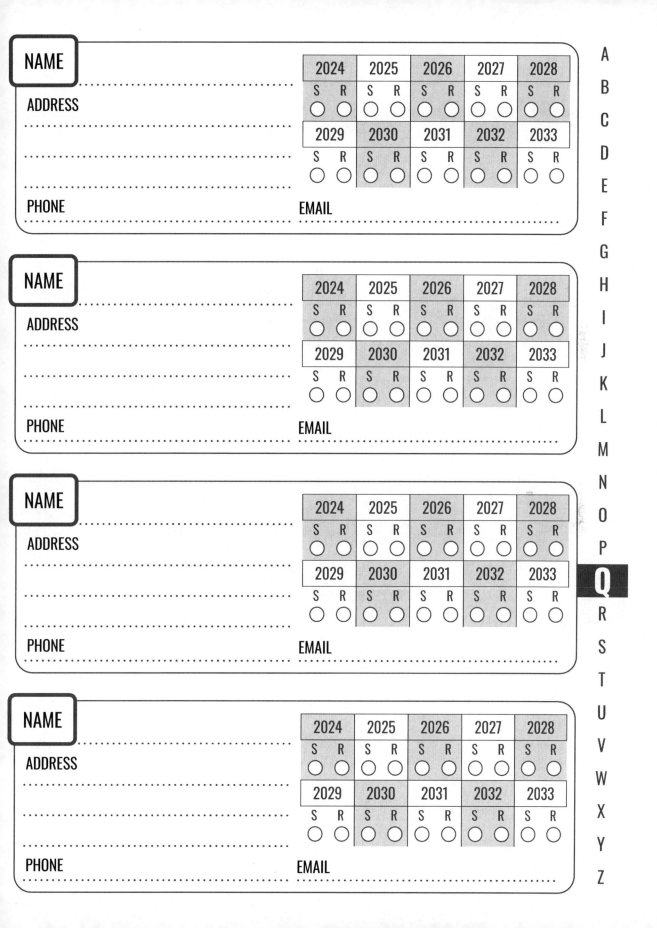

NAME

ADDRESS

PHONE   **EMAIL**

2024		2025		2026		2027		2028	
S	R	S	R	S	R	S	R	S	R
○	○	○	○	○	○	○	○	○	○

2029		2030		2031		2032		2033	
S	R	S	R	S	R	S	R	S	R
○	○	○	○	○	○	○	○	○	○

NAME

ADDRESS

PHONE   **EMAIL**

2024		2025		2026		2027		2028	
S	R	S	R	S	R	S	R	S	R
○	○	○	○	○	○	○	○	○	○

2029		2030		2031		2032		2033	
S	R	S	R	S	R	S	R	S	R
○	○	○	○	○	○	○	○	○	○

NAME

ADDRESS

PHONE   **EMAIL**

2024		2025		2026		2027		2028	
S	R	S	R	S	R	S	R	S	R
○	○	○	○	○	○	○	○	○	○

2029		2030		2031		2032		2033	
S	R	S	R	S	R	S	R	S	R
○	○	○	○	○	○	○	○	○	○

NAME

ADDRESS

PHONE   **EMAIL**

2024		2025		2026		2027		2028	
S	R	S	R	S	R	S	R	S	R
○	○	○	○	○	○	○	○	○	○

2029		2030		2031		2032		2033	
S	R	S	R	S	R	S	R	S	R
○	○	○	○	○	○	○	○	○	○

A B C D E F G H I J K L M N O P **Q** R S T U V W X Y Z

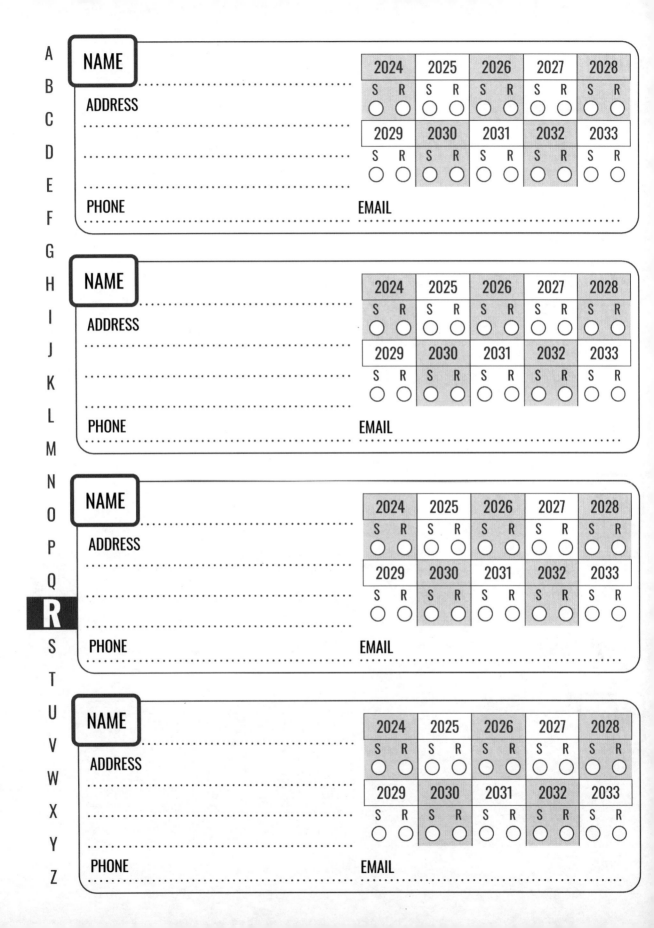

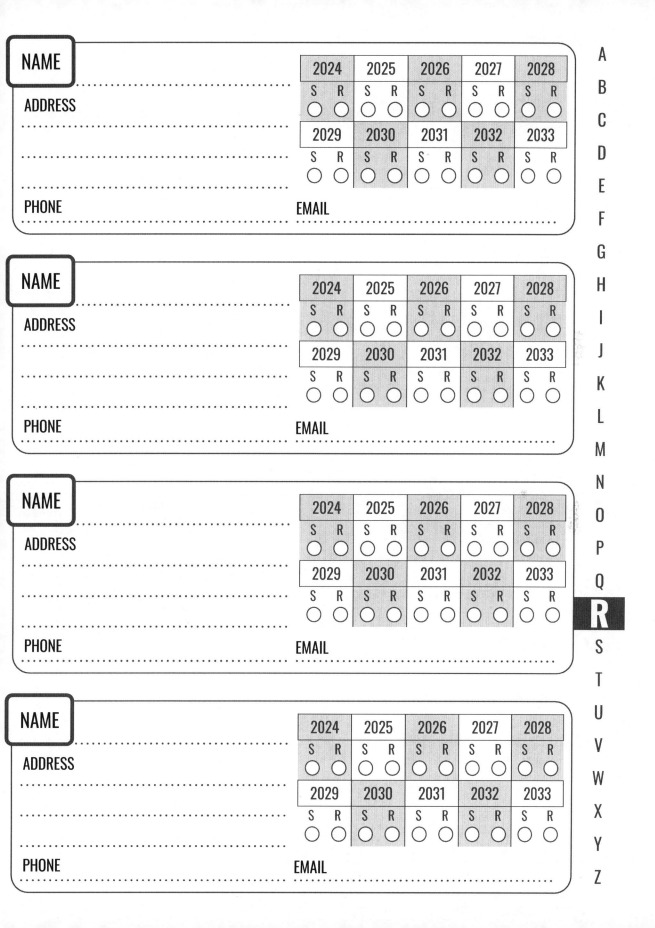

NAME

ADDRESS

PHONE   EMAIL

2024	2025	2026	2027	2028
S R	S R	S R	S R	S R
○ ○	○ ○	○ ○	○ ○	○ ○

2029	2030	2031	2032	2033
S R	S R	S R	S R	S R
○ ○	○ ○	○ ○	○ ○	○ ○

NAME

ADDRESS

PHONE   EMAIL

2024	2025	2026	2027	2028
S R	S R	S R	S R	S R
○ ○	○ ○	○ ○	○ ○	○ ○

2029	2030	2031	2032	2033
S R	S R	S R	S R	S R
○ ○	○ ○	○ ○	○ ○	○ ○

NAME

ADDRESS

PHONE   EMAIL

2024	2025	2026	2027	2028
S R	S R	S R	S R	S R
○ ○	○ ○	○ ○	○ ○	○ ○

2029	2030	2031	2032	2033
S R	S R	S R	S R	S R
○ ○	○ ○	○ ○	○ ○	○ ○

NAME

ADDRESS

PHONE   EMAIL

2024	2025	2026	2027	2028
S R	S R	S R	S R	S R
○ ○	○ ○	○ ○	○ ○	○ ○

2029	2030	2031	2032	2033
S R	S R	S R	S R	S R
○ ○	○ ○	○ ○	○ ○	○ ○

A
B
C
D
E
F
G
H
I
J
K
L
M
N
O
P
Q
R
S
T
U
V
W
X
Y
Z

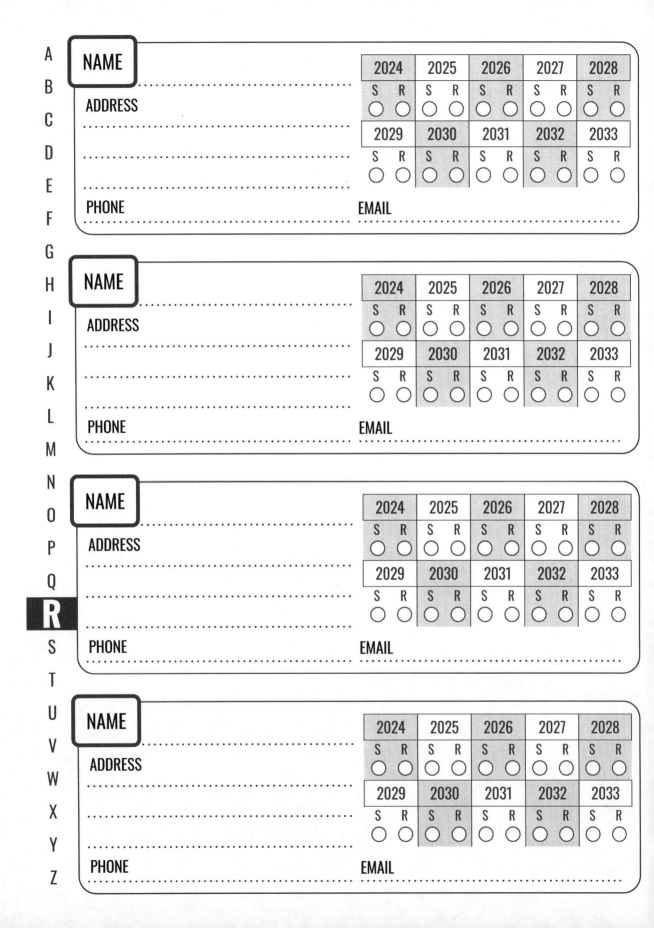

A
B
C
D
E
F
G
H
I
J
K
L
M
N
O
P
Q
R
S
T
U
V
W
X
Y
Z

NAME

ADDRESS

PHONE   EMAIL

2024	2025	2026	2027	2028
S R	S R	S R	S R	S R

2029	2030	2031	2032	2033
S R	S R	S R	S R	S R

NAME

ADDRESS

PHONE   EMAIL

2024	2025	2026	2027	2028
S R	S R	S R	S R	S R

2029	2030	2031	2032	2033
S R	S R	S R	S R	S R

NAME

ADDRESS

PHONE   EMAIL

2024	2025	2026	2027	2028
S R	S R	S R	S R	S R

2029	2030	2031	2032	2033
S R	S R	S R	S R	S R

NAME

ADDRESS

PHONE   EMAIL

2024	2025	2026	2027	2028
S R	S R	S R	S R	S R

2029	2030	2031	2032	2033
S R	S R	S R	S R	S R

NAME

ADDRESS

PHONE   EMAIL

2024	2025	2026	2027	2028
S R	S R	S R	S R	S R
○ ○	○ ○	○ ○	○ ○	○ ○

2029	2030	2031	2032	2033
S R	S R	S R	S R	S R
○ ○	○ ○	○ ○	○ ○	○ ○

NAME

ADDRESS

PHONE   EMAIL

2024	2025	2026	2027	2028
S R	S R	S R	S R	S R
○ ○	○ ○	○ ○	○ ○	○ ○

2029	2030	2031	2032	2033
S R	S R	S R	S R	S R
○ ○	○ ○	○ ○	○ ○	○ ○

NAME

ADDRESS

PHONE   EMAIL

2024	2025	2026	2027	2028
S R	S R	S R	S R	S R
○ ○	○ ○	○ ○	○ ○	○ ○

2029	2030	2031	2032	2033
S R	S R	S R	S R	S R
○ ○	○ ○	○ ○	○ ○	○ ○

NAME

ADDRESS

PHONE   EMAIL

2024	2025	2026	2027	2028
S R	S R	S R	S R	S R
○ ○	○ ○	○ ○	○ ○	○ ○

2029	2030	2031	2032	2033
S R	S R	S R	S R	S R
○ ○	○ ○	○ ○	○ ○	○ ○

A
B
C
D
E
F
G
H
I
J
K
L
M
N
O
P
Q
R
S
T
U
V
W
X
Y
Z

A
B

NAME ....

ADDRESS

....

....

....

PHONE .... EMAIL ....

2024	2025	2026	2027	2028
S R	S R	S R	S R	S R
○ ○	○ ○	○ ○	○ ○	○ ○

2029	2030	2031	2032	2033
S R	S R	S R	S R	S R
○ ○	○ ○	○ ○	○ ○	○ ○

C
D
E
F

G
H

NAME ....

ADDRESS

....

....

....

PHONE .... EMAIL ....

2024	2025	2026	2027	2028
S R	S R	S R	S R	S R
○ ○	○ ○	○ ○	○ ○	○ ○

2029	2030	2031	2032	2033
S R	S R	S R	S R	S R
○ ○	○ ○	○ ○	○ ○	○ ○

I
J
K
L
M

N
O

NAME ....

ADDRESS

....

....

....

PHONE .... EMAIL ....

2024	2025	2026	2027	2028
S R	S R	S R	S R	S R
○ ○	○ ○	○ ○	○ ○	○ ○

2029	2030	2031	2032	2033
S R	S R	S R	S R	S R
○ ○	○ ○	○ ○	○ ○	○ ○

P
Q
R
S
T

U
V

NAME ....

ADDRESS

....

....

....

PHONE .... EMAIL ....

2024	2025	2026	2027	2028
S R	S R	S R	S R	S R
○ ○	○ ○	○ ○	○ ○	○ ○

2029	2030	2031	2032	2033
S R	S R	S R	S R	S R
○ ○	○ ○	○ ○	○ ○	○ ○

W
X
Y
Z

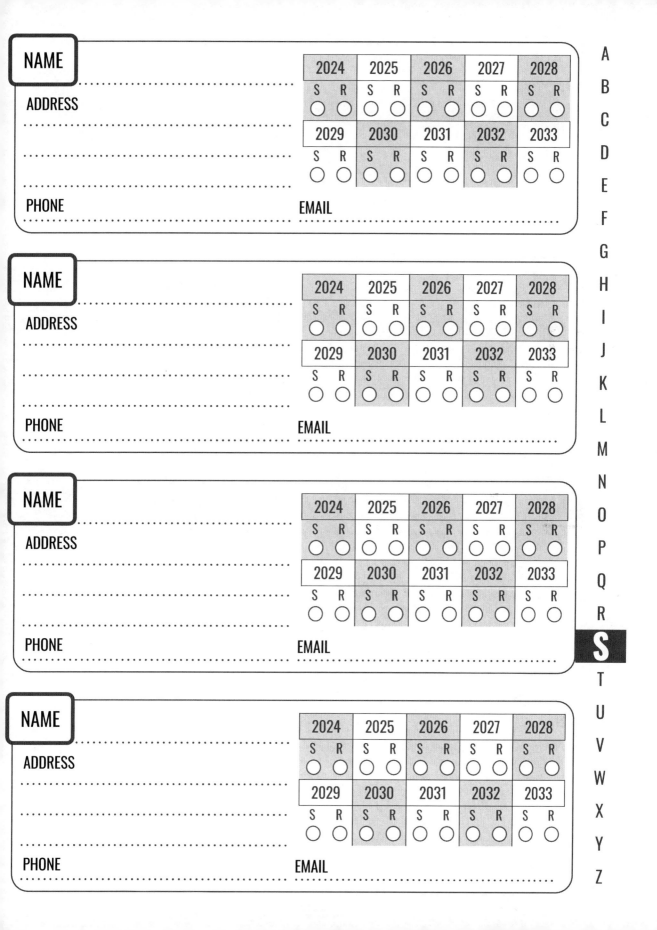

NAME

ADDRESS

PHONE   EMAIL

2024	2025	2026	2027	2028
S R	S R	S R	S R	S R
○ ○	○ ○	○ ○	○ ○	○ ○

2029	2030	2031	2032	2033
S R	S R	S R	S R	S R
○ ○	○ ○	○ ○	○ ○	○ ○

NAME

ADDRESS

PHONE   EMAIL

2024	2025	2026	2027	2028
S R	S R	S R	S R	S R
○ ○	○ ○	○ ○	○ ○	○ ○

2029	2030	2031	2032	2033
S R	S R	S R	S R	S R
○ ○	○ ○	○ ○	○ ○	○ ○

NAME

ADDRESS

PHONE   EMAIL

2024	2025	2026	2027	2028
S R	S R	S R	S R	S R
○ ○	○ ○	○ ○	○ ○	○ ○

2029	2030	2031	2032	2033
S R	S R	S R	S R	S R
○ ○	○ ○	○ ○	○ ○	○ ○

NAME

ADDRESS

PHONE   EMAIL

2024	2025	2026	2027	2028
S R	S R	S R	S R	S R
○ ○	○ ○	○ ○	○ ○	○ ○

2029	2030	2031	2032	2033
S R	S R	S R	S R	S R
○ ○	○ ○	○ ○	○ ○	○ ○

A B C D E F G H I J K L M N O P Q R **S** T U V W X Y Z

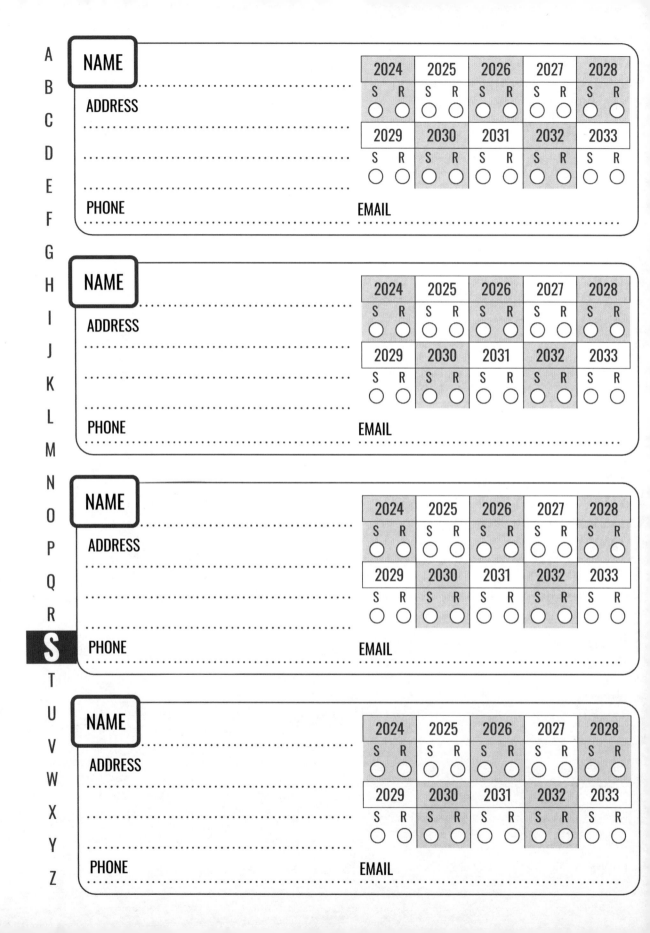

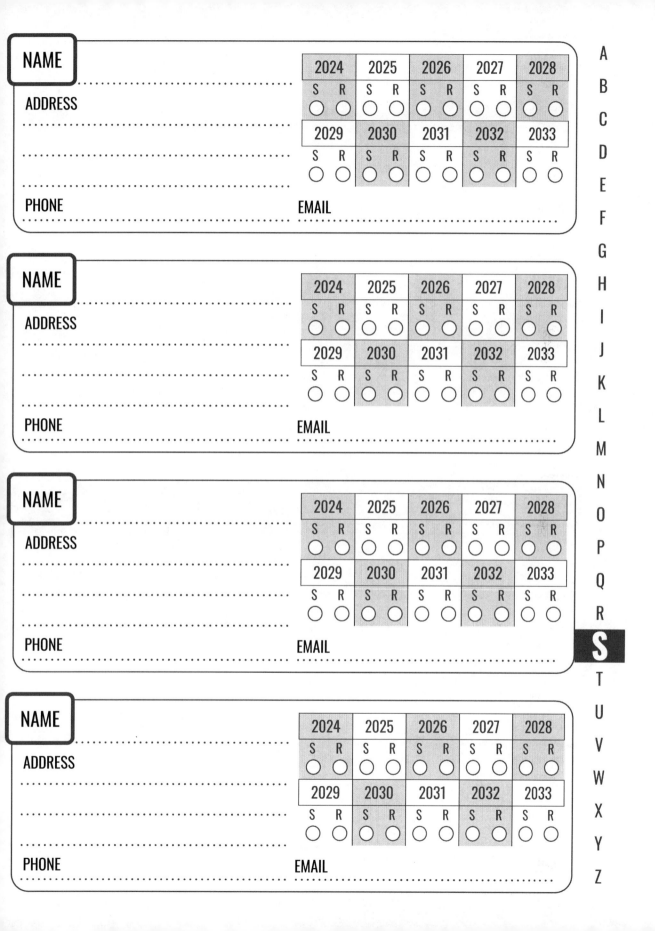

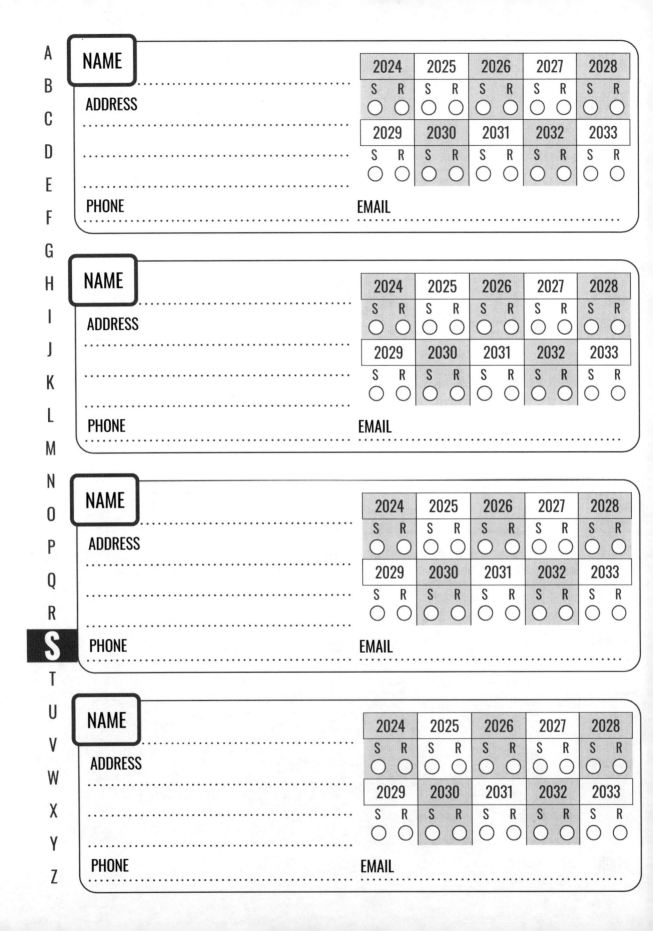

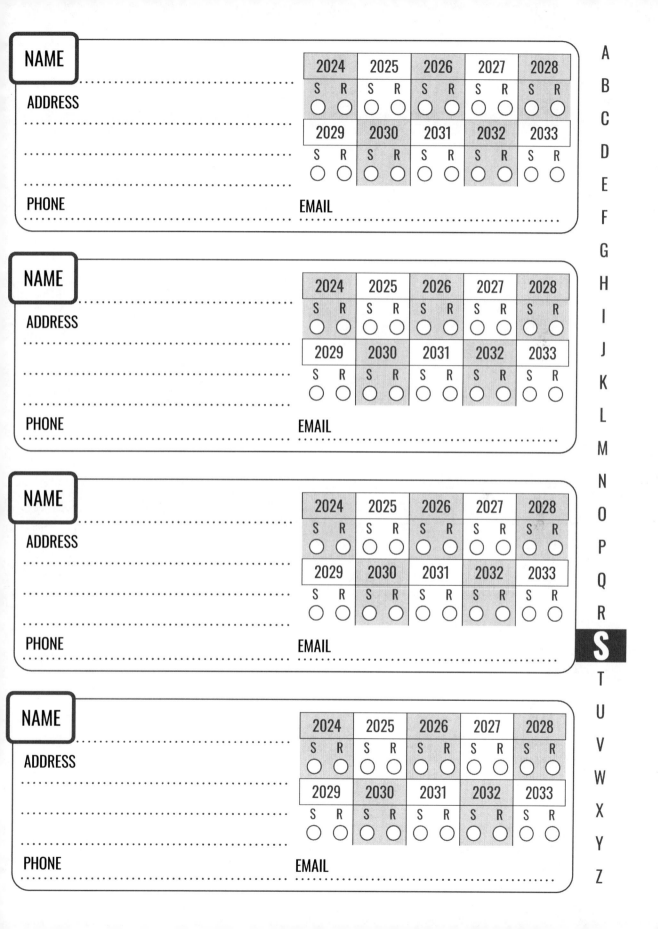

NAME

ADDRESS

PHONE   EMAIL

2024	2025	2026	2027	2028
S R	S R	S R	S R	S R
○ ○	○ ○	○ ○	○ ○	○ ○

2029	2030	2031	2032	2033
S R	S R	S R	S R	S R
○ ○	○ ○	○ ○	○ ○	○ ○

NAME

ADDRESS

PHONE   EMAIL

2024	2025	2026	2027	2028
S R	S R	S R	S R	S R
○ ○	○ ○	○ ○	○ ○	○ ○

2029	2030	2031	2032	2033
S R	S R	S R	S R	S R
○ ○	○ ○	○ ○	○ ○	○ ○

NAME

ADDRESS

PHONE   EMAIL

2024	2025	2026	2027	2028
S R	S R	S R	S R	S R
○ ○	○ ○	○ ○	○ ○	○ ○

2029	2030	2031	2032	2033
S R	S R	S R	S R	S R
○ ○	○ ○	○ ○	○ ○	○ ○

NAME

ADDRESS

PHONE   EMAIL

2024	2025	2026	2027	2028
S R	S R	S R	S R	S R
○ ○	○ ○	○ ○	○ ○	○ ○

2029	2030	2031	2032	2033
S R	S R	S R	S R	S R
○ ○	○ ○	○ ○	○ ○	○ ○

A B C D E F G H I J K L M N O P Q R **S** T U V W X Y Z

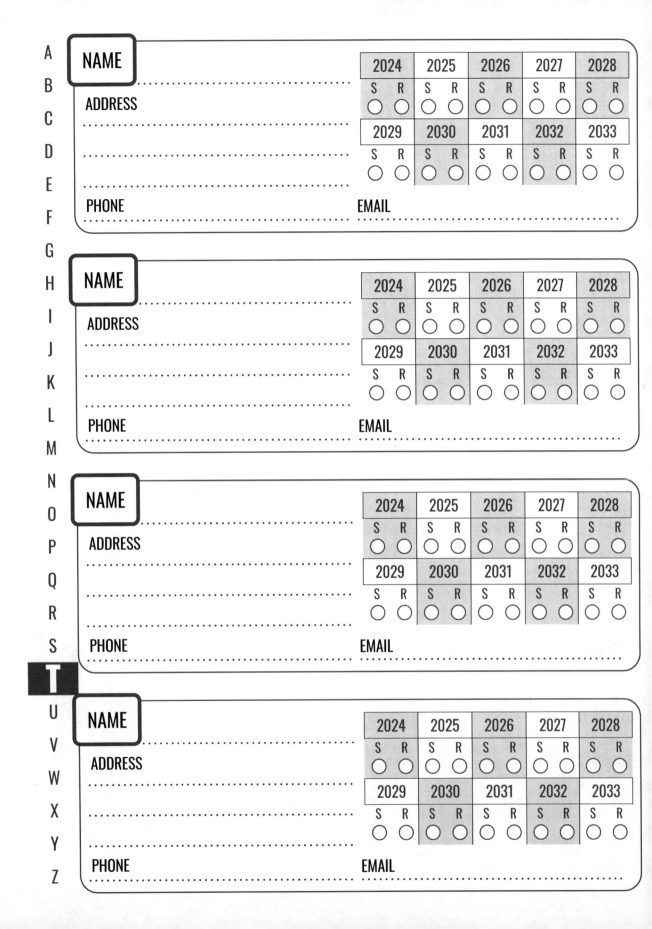

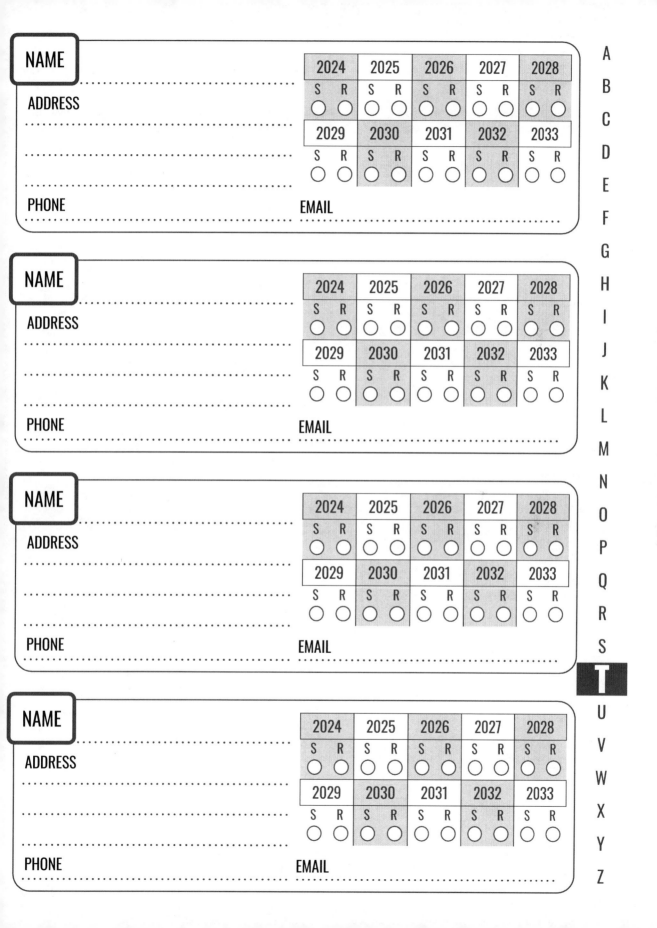

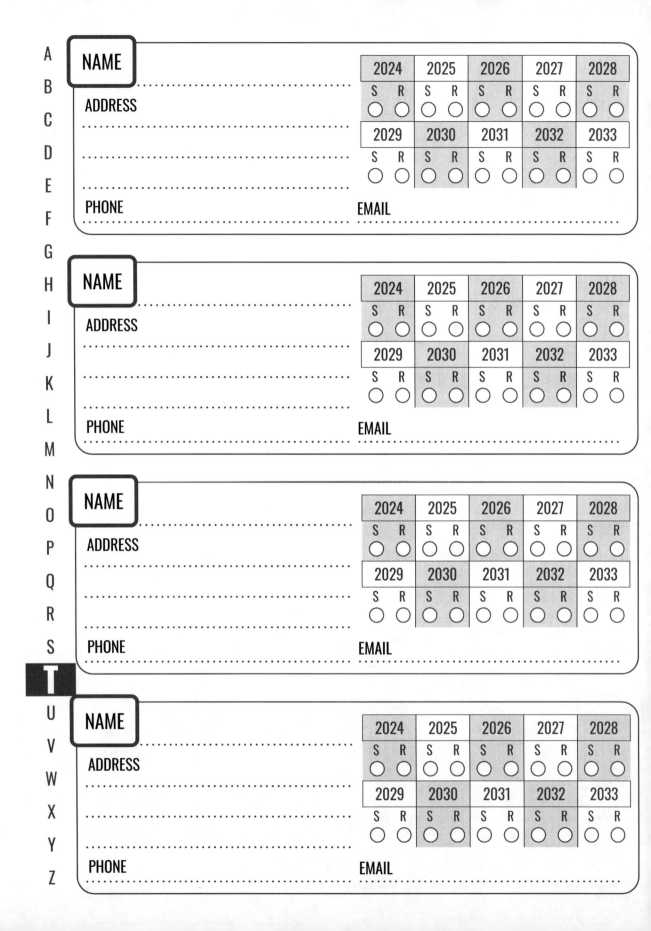

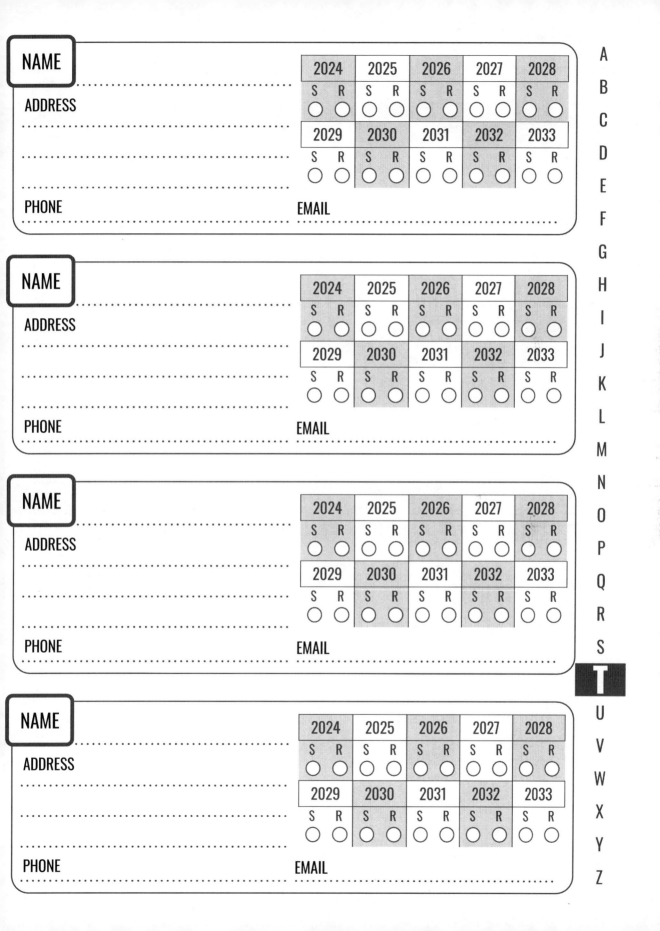

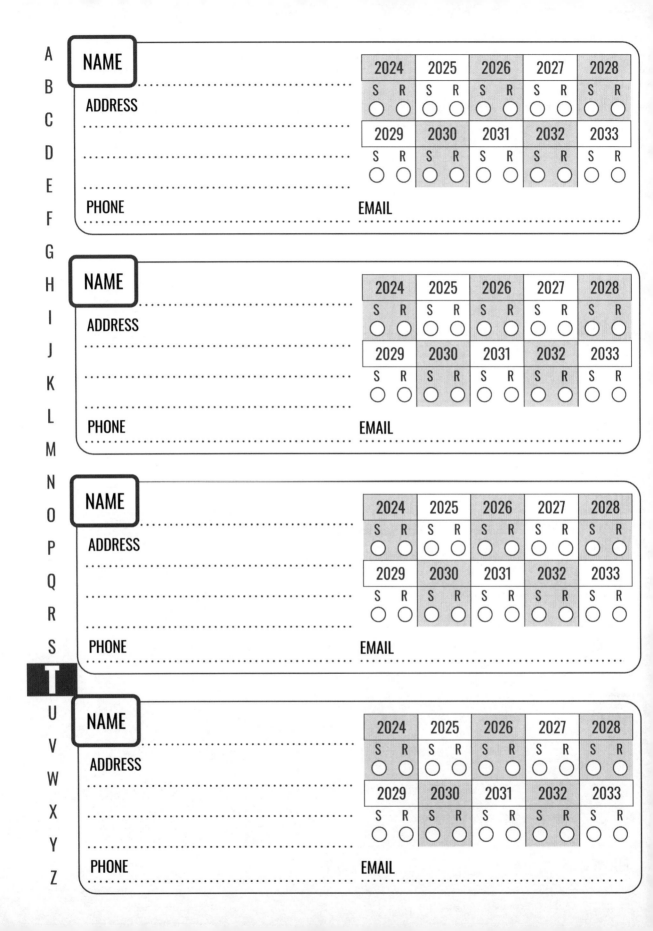

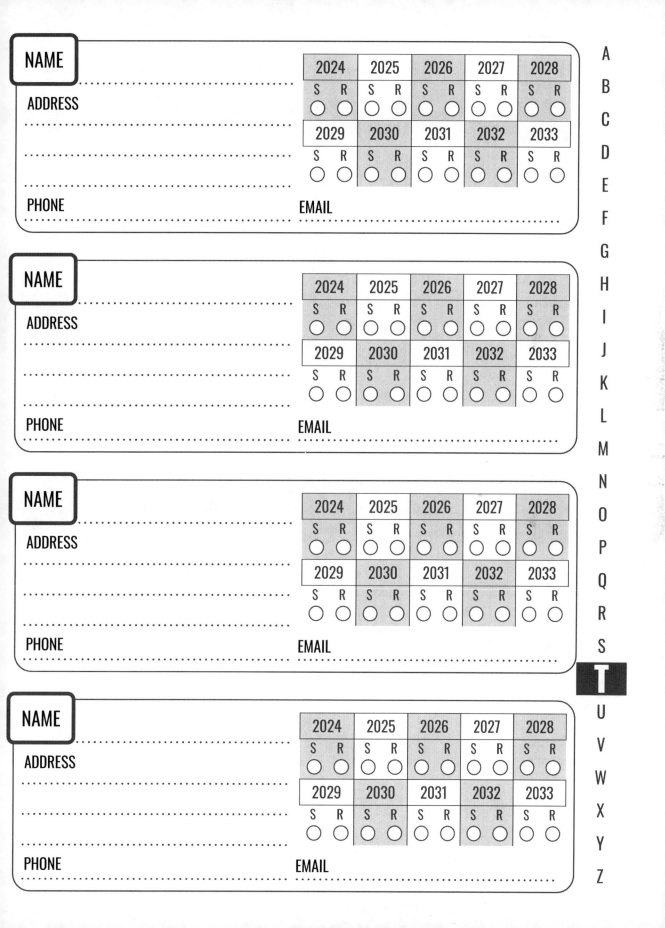

NAME

ADDRESS

2024		2025		2026		2027		2028	
S	R	S	R	S	R	S	R	S	R
○	○	○	○	○	○	○	○	○	○

2029		2030		2031		2032		2033	
S	R	S	R	S	R	S	R	S	R
○	○	○	○	○	○	○	○	○	○

PHONE   EMAIL

NAME

ADDRESS

2024		2025		2026		2027		2028	
S	R	S	R	S	R	S	R	S	R
○	○	○	○	○	○	○	○	○	○

2029		2030		2031		2032		2033	
S	R	S	R	S	R	S	R	S	R
○	○	○	○	○	○	○	○	○	○

PHONE   EMAIL

NAME

ADDRESS

2024		2025		2026		2027		2028	
S	R	S	R	S	R	S	R	S	R
○	○	○	○	○	○	○	○	○	○

2029		2030		2031		2032		2033	
S	R	S	R	S	R	S	R	S	R
○	○	○	○	○	○	○	○	○	○

PHONE   EMAIL

NAME

ADDRESS

2024		2025		2026		2027		2028	
S	R	S	R	S	R	S	R	S	R
○	○	○	○	○	○	○	○	○	○

2029		2030		2031		2032		2033	
S	R	S	R	S	R	S	R	S	R
○	○	○	○	○	○	○	○	○	○

PHONE   EMAIL

A B C D E F G H I J K L M N O P Q R S **T** U V W X Y Z

A
B
C
D
E
F

NAME

ADDRESS

2024	2025	2026	2027	2028
S R	S R	S R	S R	S R
○ ○	○ ○	○ ○	○ ○	○ ○

2029	2030	2031	2032	2033
S R	S R	S R	S R	S R
○ ○	○ ○	○ ○	○ ○	○ ○

PHONE   EMAIL

G
H
I
J
K
L
M

NAME

ADDRESS

2024	2025	2026	2027	2028
S R	S R	S R	S R	S R
○ ○	○ ○	○ ○	○ ○	○ ○

2029	2030	2031	2032	2033
S R	S R	S R	S R	S R
○ ○	○ ○	○ ○	○ ○	○ ○

PHONE   EMAIL

N
O
P
Q
R
S
T

NAME

ADDRESS

2024	2025	2026	2027	2028
S R	S R	S R	S R	S R
○ ○	○ ○	○ ○	○ ○	○ ○

2029	2030	2031	2032	2033
S R	S R	S R	S R	S R
○ ○	○ ○	○ ○	○ ○	○ ○

PHONE   EMAIL

U
V
W
X
Y
Z

NAME

ADDRESS

2024	2025	2026	2027	2028
S R	S R	S R	S R	S R
○ ○	○ ○	○ ○	○ ○	○ ○

2029	2030	2031	2032	2033
S R	S R	S R	S R	S R
○ ○	○ ○	○ ○	○ ○	○ ○

PHONE   EMAIL

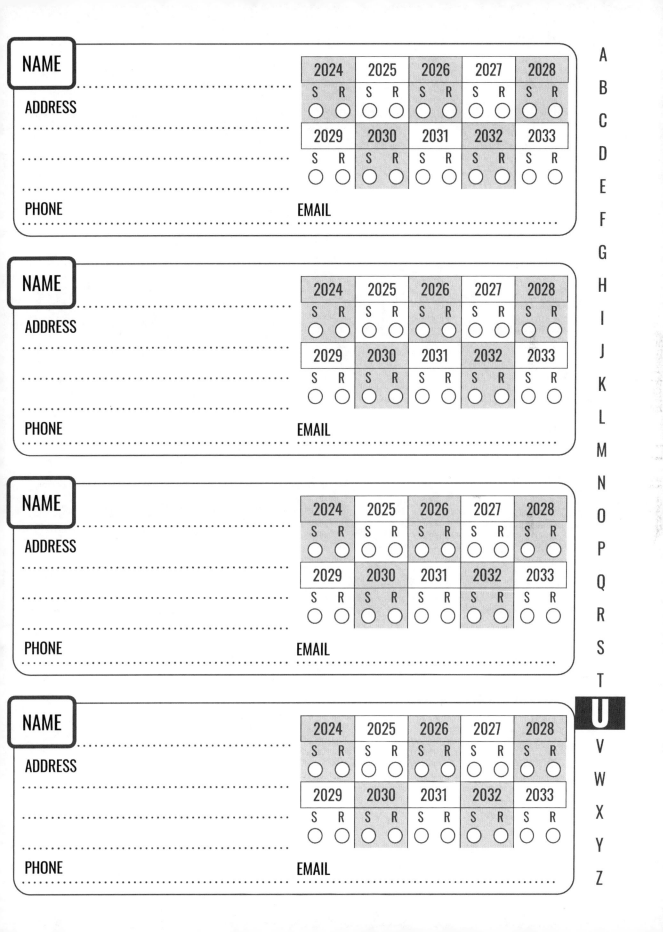

NAME

ADDRESS

PHONE   EMAIL

2024	2025	2026	2027	2028
S R	S R	S R	S R	S R
○ ○	○ ○	○ ○	○ ○	○ ○
2029	2030	2031	2032	2033
S R	S R	S R	S R	S R
○ ○	○ ○	○ ○	○ ○	○ ○

NAME

ADDRESS

PHONE   EMAIL

2024	2025	2026	2027	2028
S R	S R	S R	S R	S R
○ ○	○ ○	○ ○	○ ○	○ ○
2029	2030	2031	2032	2033
S R	S R	S R	S R	S R
○ ○	○ ○	○ ○	○ ○	○ ○

NAME

ADDRESS

PHONE   EMAIL

2024	2025	2026	2027	2028
S R	S R	S R	S R	S R
○ ○	○ ○	○ ○	○ ○	○ ○
2029	2030	2031	2032	2033
S R	S R	S R	S R	S R
○ ○	○ ○	○ ○	○ ○	○ ○

NAME

ADDRESS

PHONE   EMAIL

2024	2025	2026	2027	2028
S R	S R	S R	S R	S R
○ ○	○ ○	○ ○	○ ○	○ ○
2029	2030	2031	2032	2033
S R	S R	S R	S R	S R
○ ○	○ ○	○ ○	○ ○	○ ○

A
B
C
D
E
F
G
H
I
J
K
L
M
N
O
P
Q
R
S
T
U
V
W
X
Y
Z

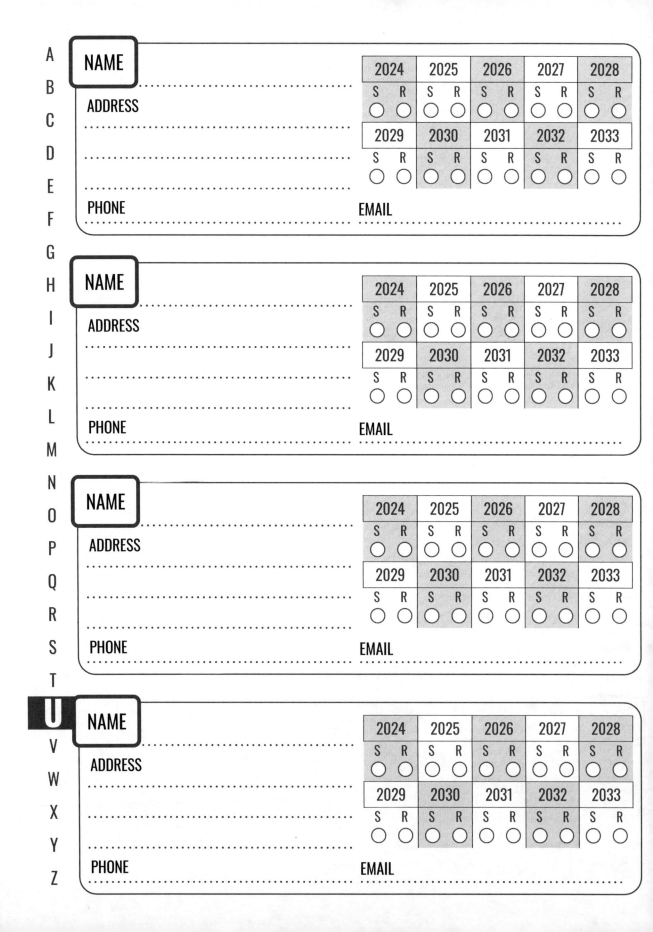

A
B
C
D
E
F
G
H
I
J
K
L
M
N
O
P
Q
R
S
T
U
V
W
X
Y
Z

NAME

ADDRESS

PHONE   EMAIL

2024	2025	2026	2027	2028
S R	S R	S R	S R	S R
○ ○	○ ○	○ ○	○ ○	○ ○

2029	2030	2031	2032	2033
S R	S R	S R	S R	S R
○ ○	○ ○	○ ○	○ ○	○ ○

NAME

ADDRESS

PHONE   EMAIL

2024	2025	2026	2027	2028
S R	S R	S R	S R	S R
○ ○	○ ○	○ ○	○ ○	○ ○

2029	2030	2031	2032	2033
S R	S R	S R	S R	S R
○ ○	○ ○	○ ○	○ ○	○ ○

NAME

ADDRESS

PHONE   EMAIL

2024	2025	2026	2027	2028
S R	S R	S R	S R	S R
○ ○	○ ○	○ ○	○ ○	○ ○

2029	2030	2031	2032	2033
S R	S R	S R	S R	S R
○ ○	○ ○	○ ○	○ ○	○ ○

NAME

ADDRESS

PHONE   EMAIL

2024	2025	2026	2027	2028
S R	S R	S R	S R	S R
○ ○	○ ○	○ ○	○ ○	○ ○

2029	2030	2031	2032	2033
S R	S R	S R	S R	S R
○ ○	○ ○	○ ○	○ ○	○ ○

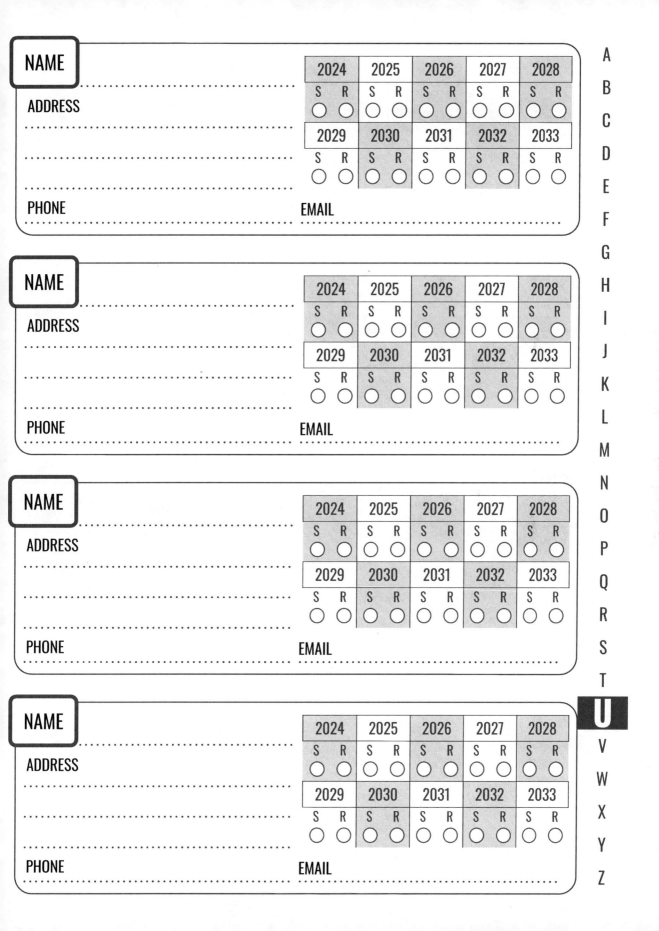

NAME

ADDRESS

PHONE   EMAIL

2024	2025	2026	2027	2028
S R	S R	S R	S R	S R
○ ○	○ ○	○ ○	○ ○	○ ○

2029	2030	2031	2032	2033
S R	S R	S R	S R	S R
○ ○	○ ○	○ ○	○ ○	○ ○

NAME

ADDRESS

PHONE   EMAIL

2024	2025	2026	2027	2028
S R	S R	S R	S R	S R
○ ○	○ ○	○ ○	○ ○	○ ○

2029	2030	2031	2032	2033
S R	S R	S R	S R	S R
○ ○	○ ○	○ ○	○ ○	○ ○

NAME

ADDRESS

PHONE   EMAIL

2024	2025	2026	2027	2028
S R	S R	S R	S R	S R
○ ○	○ ○	○ ○	○ ○	○ ○

2029	2030	2031	2032	2033
S R	S R	S R	S R	S R
○ ○	○ ○	○ ○	○ ○	○ ○

NAME

ADDRESS

PHONE   EMAIL

2024	2025	2026	2027	2028
S R	S R	S R	S R	S R
○ ○	○ ○	○ ○	○ ○	○ ○

2029	2030	2031	2032	2033
S R	S R	S R	S R	S R
○ ○	○ ○	○ ○	○ ○	○ ○

A
B
C
D
E
F
G
H
I
J
K
L
M
N
O
P
Q
R
S
T
U
V
W
X
Y
Z

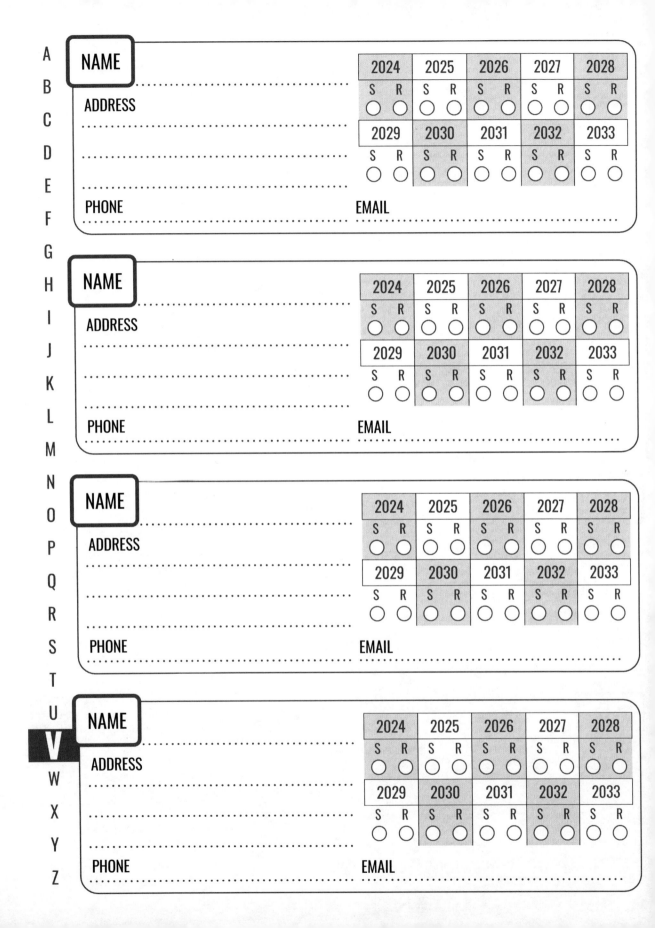

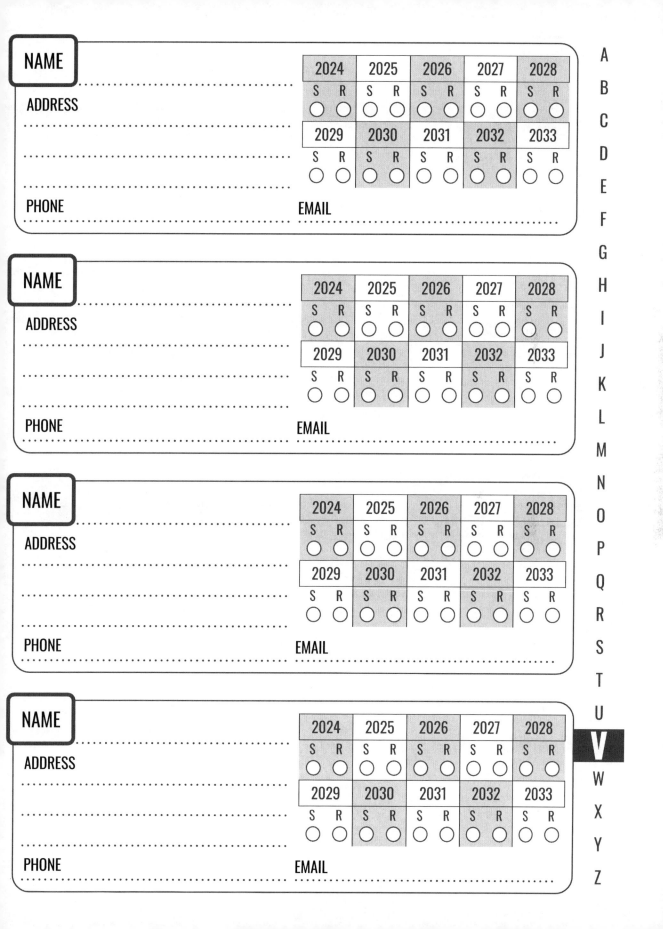

NAME

ADDRESS

2024		2025		2026		2027		2028	
S	R	S	R	S	R	S	R	S	R
○	○	○	○	○	○	○	○	○	○

2029		2030		2031		2032		2033	
S	R	S	R	S	R	S	R	S	R
○	○	○	○	○	○	○	○	○	○

PHONE   EMAIL

NAME

ADDRESS

2024		2025		2026		2027		2028	
S	R	S	R	S	R	S	R	S	R
○	○	○	○	○	○	○	○	○	○

2029		2030		2031		2032		2033	
S	R	S	R	S	R	S	R	S	R
○	○	○	○	○	○	○	○	○	○

PHONE   EMAIL

NAME

ADDRESS

2024		2025		2026		2027		2028	
S	R	S	R	S	R	S	R	S	R
○	○	○	○	○	○	○	○	○	○

2029		2030		2031		2032		2033	
S	R	S	R	S	R	S	R	S	R
○	○	○	○	○	○	○	○	○	○

PHONE   EMAIL

NAME

ADDRESS

2024		2025		2026		2027		2028	
S	R	S	R	S	R	S	R	S	R
○	○	○	○	○	○	○	○	○	○

2029		2030		2031		2032		2033	
S	R	S	R	S	R	S	R	S	R
○	○	○	○	○	○	○	○	○	○

PHONE   EMAIL

A
B
C
D
E
F
G
H
I
J
K
L
M
N
O
P
Q
R
S
T
U
V
W
X
Y
Z

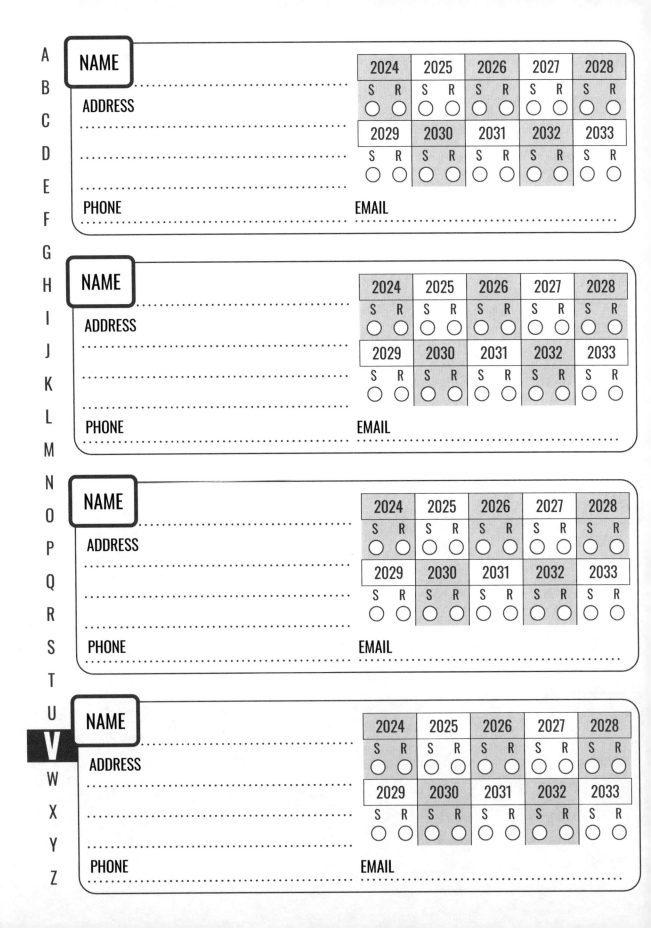

A B C D E F G H I J K L M N O P Q R S T U **V** W X Y Z

NAME
ADDRESS
PHONE   EMAIL

2024		2025		2026		2027		2028	
S	R	S	R	S	R	S	R	S	R
○	○	○	○	○	○	○	○	○	○

2029		2030		2031		2032		2033	
S	R	S	R	S	R	S	R	S	R
○	○	○	○	○	○	○	○	○	○

NAME
ADDRESS
PHONE   EMAIL

2024		2025		2026		2027		2028	
S	R	S	R	S	R	S	R	S	R
○	○	○	○	○	○	○	○	○	○

2029		2030		2031		2032		2033	
S	R	S	R	S	R	S	R	S	R
○	○	○	○	○	○	○	○	○	○

NAME
ADDRESS
PHONE   EMAIL

2024		2025		2026		2027		2028	
S	R	S	R	S	R	S	R	S	R
○	○	○	○	○	○	○	○	○	○

2029		2030		2031		2032		2033	
S	R	S	R	S	R	S	R	S	R
○	○	○	○	○	○	○	○	○	○

NAME
ADDRESS
PHONE   EMAIL

2024		2025		2026		2027		2028	
S	R	S	R	S	R	S	R	S	R
○	○	○	○	○	○	○	○	○	○

2029		2030		2031		2032		2033	
S	R	S	R	S	R	S	R	S	R
○	○	○	○	○	○	○	○	○	○

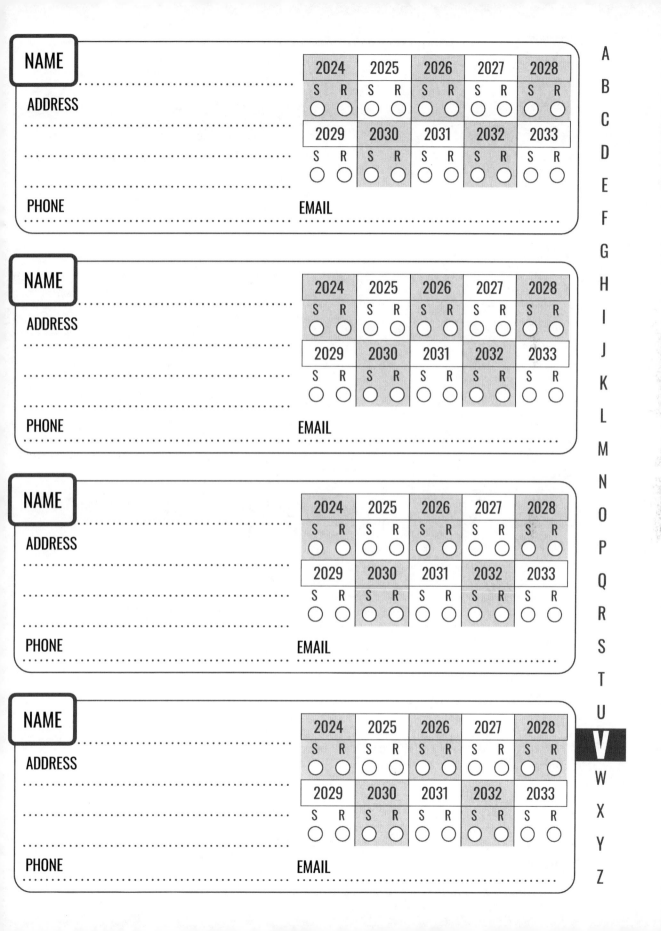

NAME					
ADDRESS	2024	2025	2026	2027	2028
	S R ○ ○	S R ○ ○	S R ○ ○	S R ○ ○	S R ○ ○
	2029	2030	2031	2032	2033
	S R ○ ○	S R ○ ○	S R ○ ○	S R ○ ○	S R ○ ○
PHONE	EMAIL				

NAME					
ADDRESS	2024	2025	2026	2027	2028
	S R ○ ○	S R ○ ○	S R ○ ○	S R ○ ○	S R ○ ○
	2029	2030	2031	2032	2033
	S R ○ ○	S R ○ ○	S R ○ ○	S R ○ ○	S R ○ ○
PHONE	EMAIL				

NAME					
ADDRESS	2024	2025	2026	2027	2028
	S R ○ ○	S R ○ ○	S R ○ ○	S R ○ ○	S R ○ ○
	2029	2030	2031	2032	2033
	S R ○ ○	S R ○ ○	S R ○ ○	S R ○ ○	S R ○ ○
PHONE	EMAIL				

NAME					
ADDRESS	2024	2025	2026	2027	2028
	S R ○ ○	S R ○ ○	S R ○ ○	S R ○ ○	S R ○ ○
	2029	2030	2031	2032	2033
	S R ○ ○	S R ○ ○	S R ○ ○	S R ○ ○	S R ○ ○
PHONE	EMAIL				

A B C D E F G H I J K L M N O P Q R S T U **V** W X Y Z

A
B
C
D
E
F
G
H
I
J
K
L
M
N
O
P
Q
R
S
T
U
V
W
X
Y
Z

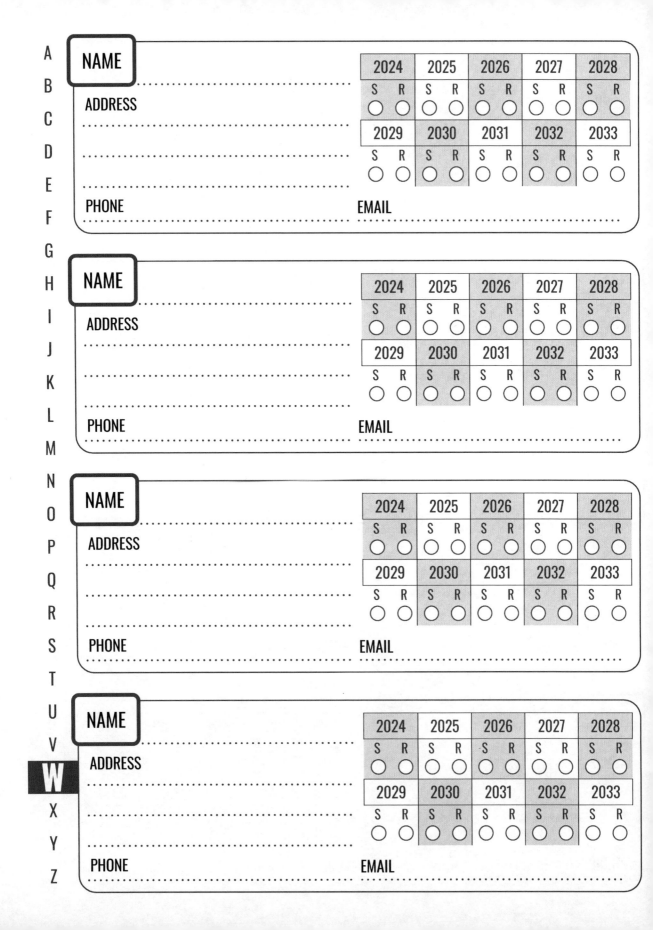

NAME

ADDRESS

PHONE   EMAIL

2024	2025	2026	2027	2028
S R	S R	S R	S R	S R
○ ○	○ ○	○ ○	○ ○	○ ○

2029	2030	2031	2032	2033
S R	S R	S R	S R	S R
○ ○	○ ○	○ ○	○ ○	○ ○

NAME

ADDRESS

PHONE   EMAIL

2024	2025	2026	2027	2028
S R	S R	S R	S R	S R
○ ○	○ ○	○ ○	○ ○	○ ○

2029	2030	2031	2032	2033
S R	S R	S R	S R	S R
○ ○	○ ○	○ ○	○ ○	○ ○

NAME

ADDRESS

PHONE   EMAIL

2024	2025	2026	2027	2028
S R	S R	S R	S R	S R
○ ○	○ ○	○ ○	○ ○	○ ○

2029	2030	2031	2032	2033
S R	S R	S R	S R	S R
○ ○	○ ○	○ ○	○ ○	○ ○

NAME

ADDRESS

PHONE   EMAIL

2024	2025	2026	2027	2028
S R	S R	S R	S R	S R
○ ○	○ ○	○ ○	○ ○	○ ○

2029	2030	2031	2032	2033
S R	S R	S R	S R	S R
○ ○	○ ○	○ ○	○ ○	○ ○

W

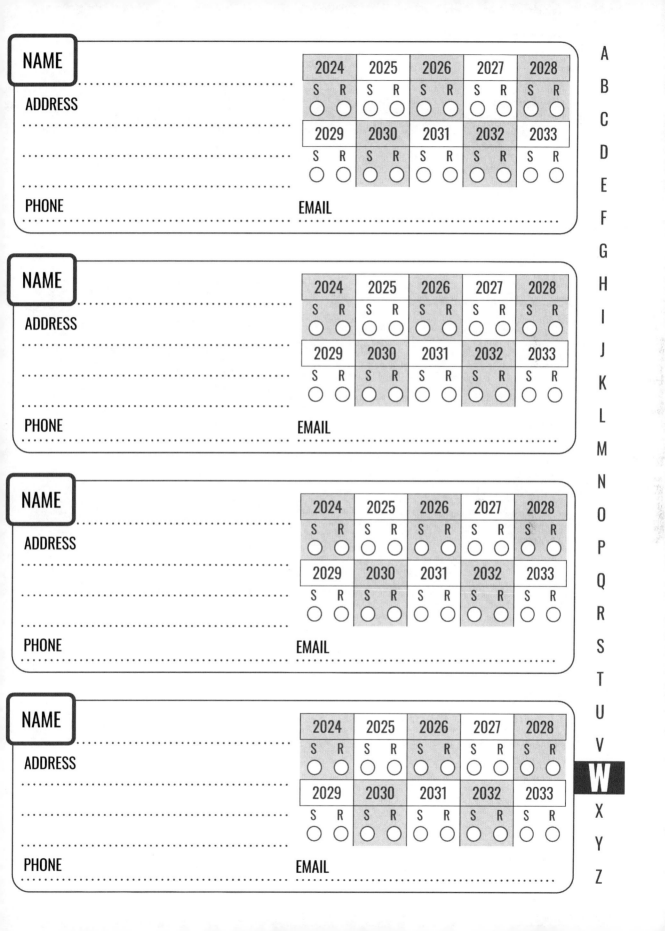

NAME

ADDRESS

2024		2025		2026		2027		2028	
S	R	S	R	S	R	S	R	S	R
○	○	○	○	○	○	○	○	○	○

2029		2030		2031		2032		2033	
S	R	S	R	S	R	S	R	S	R
○	○	○	○	○	○	○	○	○	○

PHONE

EMAIL

NAME

ADDRESS

2024		2025		2026		2027		2028	
S	R	S	R	S	R	S	R	S	R
○	○	○	○	○	○	○	○	○	○

2029		2030		2031		2032		2033	
S	R	S	R	S	R	S	R	S	R
○	○	○	○	○	○	○	○	○	○

PHONE

EMAIL

NAME

ADDRESS

2024		2025		2026		2027		2028	
S	R	S	R	S	R	S	R	S	R
○	○	○	○	○	○	○	○	○	○

2029		2030		2031		2032		2033	
S	R	S	R	S	R	S	R	S	R
○	○	○	○	○	○	○	○	○	○

PHONE

EMAIL

NAME

ADDRESS

2024		2025		2026		2027		2028	
S	R	S	R	S	R	S	R	S	R
○	○	○	○	○	○	○	○	○	○

2029		2030		2031		2032		2033	
S	R	S	R	S	R	S	R	S	R
○	○	○	○	○	○	○	○	○	○

PHONE

EMAIL

A
B
C
D
E
F
G
H
I
J
K
L
M
N
O
P
Q
R
S
T
U
V
W
X
Y
Z

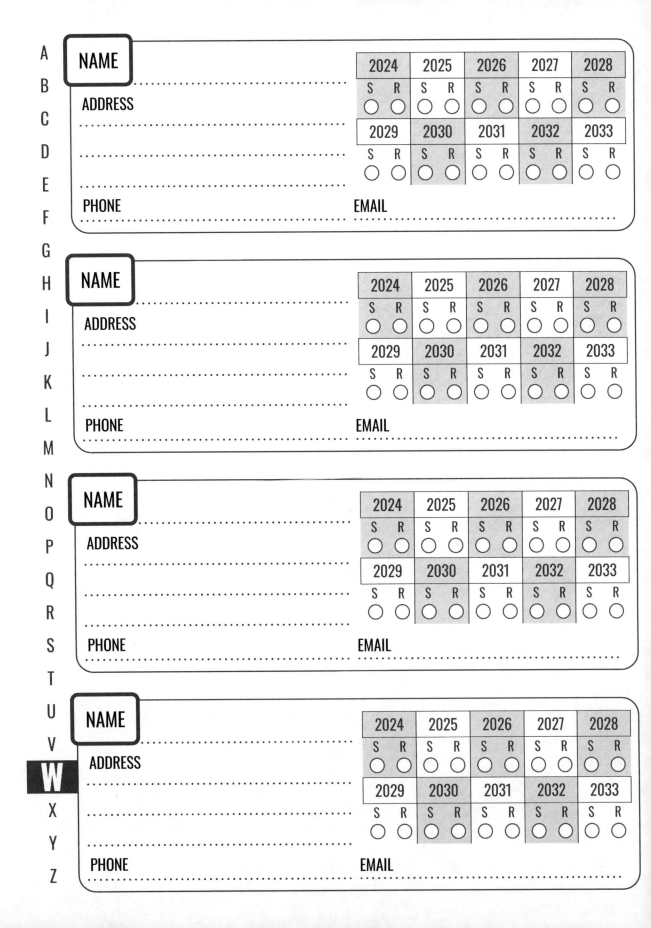

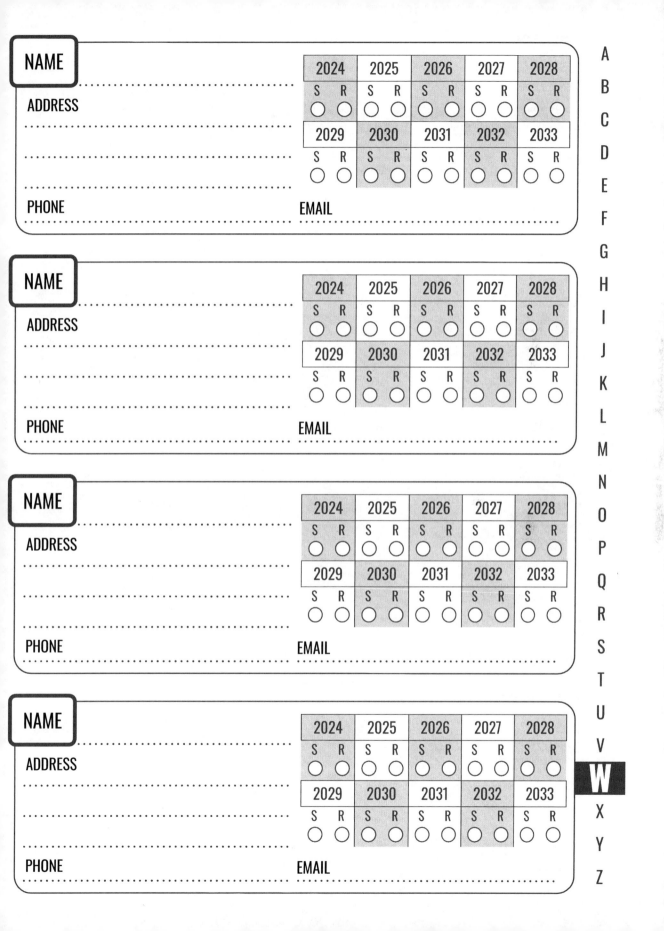

NAME

ADDRESS

PHONE   EMAIL

	2024	2025	2026	2027	2028
	S R	S R	S R	S R	S R
	○ ○	○ ○	○ ○	○ ○	○ ○
	2029	2030	2031	2032	2033
	S R	S R	S R	S R	S R
	○ ○	○ ○	○ ○	○ ○	○ ○

NAME

ADDRESS

PHONE   EMAIL

	2024	2025	2026	2027	2028
	S R	S R	S R	S R	S R
	○ ○	○ ○	○ ○	○ ○	○ ○
	2029	2030	2031	2032	2033
	S R	S R	S R	S R	S R
	○ ○	○ ○	○ ○	○ ○	○ ○

NAME

ADDRESS

PHONE   EMAIL

	2024	2025	2026	2027	2028
	S R	S R	S R	S R	S R
	○ ○	○ ○	○ ○	○ ○	○ ○
	2029	2030	2031	2032	2033
	S R	S R	S R	S R	S R
	○ ○	○ ○	○ ○	○ ○	○ ○

NAME

ADDRESS

PHONE   EMAIL

	2024	2025	2026	2027	2028
	S R	S R	S R	S R	S R
	○ ○	○ ○	○ ○	○ ○	○ ○
	2029	2030	2031	2032	2033
	S R	S R	S R	S R	S R
	○ ○	○ ○	○ ○	○ ○	○ ○

A
B
C
D
E
F
G
H
I
J
K
L
M
N
O
P
Q
R
S
T
U
V
W
X
Y
Z

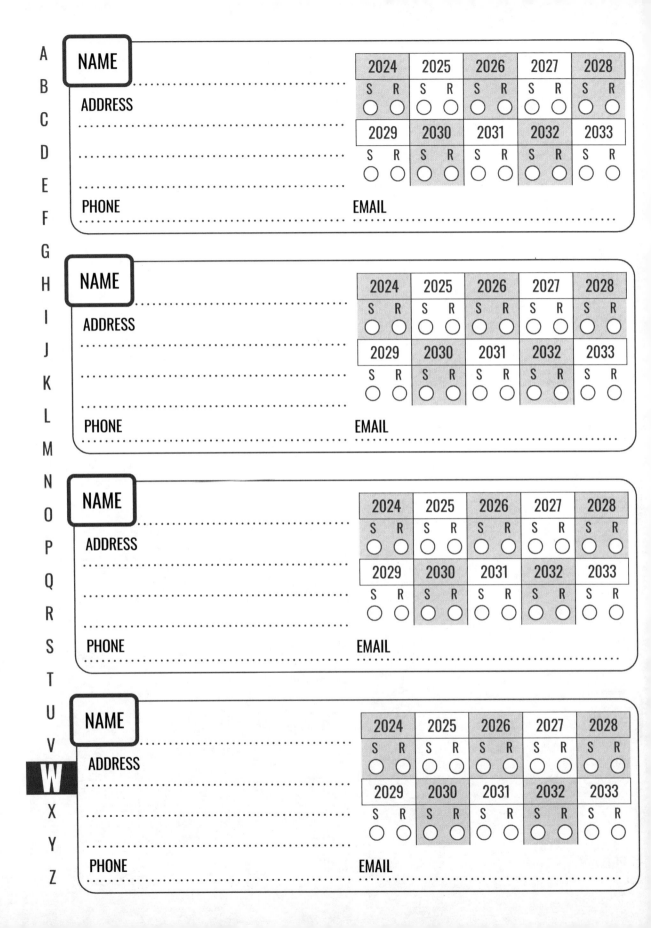

A B C D E F G H I J K L M N O P Q R S T U V W X Y Z

NAME

ADDRESS

PHONE   EMAIL

2024	2025	2026	2027	2028
S R	S R	S R	S R	S R
○ ○	○ ○	○ ○	○ ○	○ ○

2029	2030	2031	2032	2033
S R	S R	S R	S R	S R
○ ○	○ ○	○ ○	○ ○	○ ○

NAME

ADDRESS

PHONE   EMAIL

2024	2025	2026	2027	2028
S R	S R	S R	S R	S R
○ ○	○ ○	○ ○	○ ○	○ ○

2029	2030	2031	2032	2033
S R	S R	S R	S R	S R
○ ○	○ ○	○ ○	○ ○	○ ○

NAME

ADDRESS

PHONE   EMAIL

2024	2025	2026	2027	2028
S R	S R	S R	S R	S R
○ ○	○ ○	○ ○	○ ○	○ ○

2029	2030	2031	2032	2033
S R	S R	S R	S R	S R
○ ○	○ ○	○ ○	○ ○	○ ○

NAME

ADDRESS

PHONE   EMAIL

2024	2025	2026	2027	2028
S R	S R	S R	S R	S R
○ ○	○ ○	○ ○	○ ○	○ ○

2029	2030	2031	2032	2033
S R	S R	S R	S R	S R
○ ○	○ ○	○ ○	○ ○	○ ○

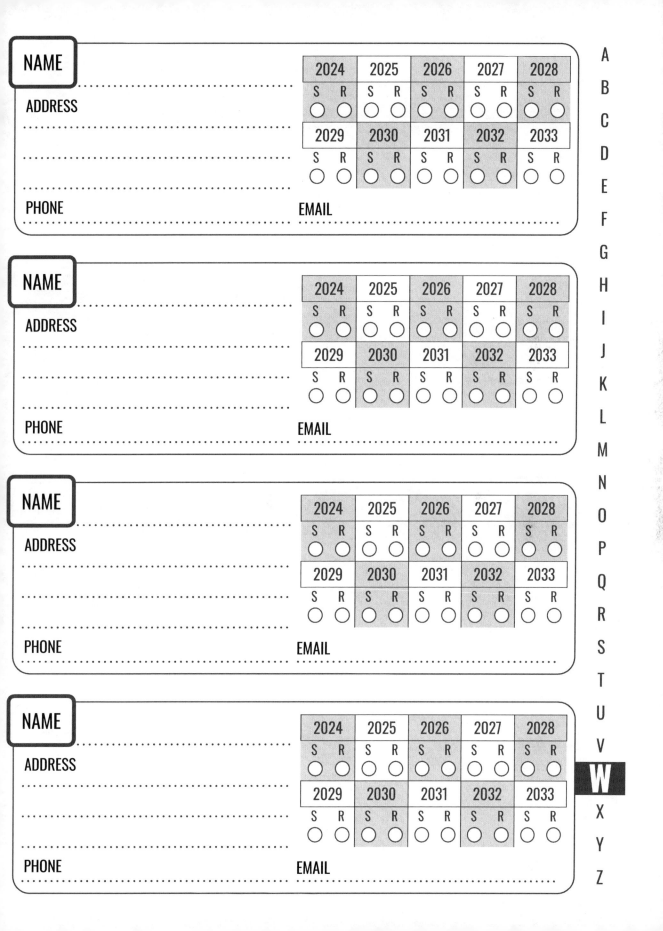

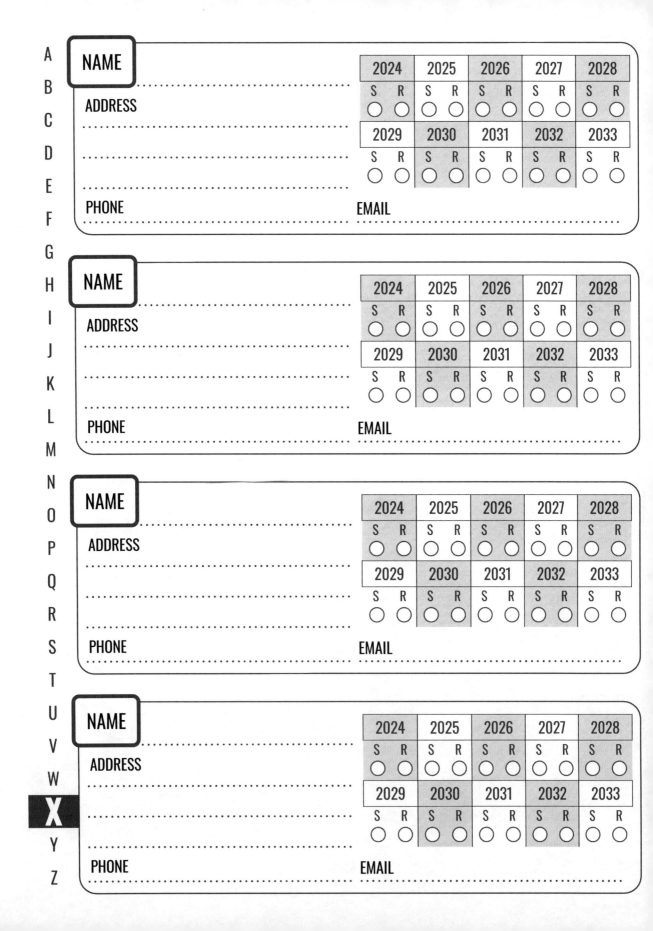

A B C D E F G H I J K L M N O P Q R S T U V W X Y Z

NAME
ADDRESS
PHONE   EMAIL

2024	2025	2026	2027	2028
S R	S R	S R	S R	S R
○ ○	○ ○	○ ○	○ ○	○ ○

2029	2030	2031	2032	2033
S R	S R	S R	S R	S R
○ ○	○ ○	○ ○	○ ○	○ ○

NAME

ADDRESS

2024		2025		2026		2027		2028	
S	R	S	R	S	R	S	R	S	R
○	○	○	○	○	○	○	○	○	○

2029		2030		2031		2032		2033	
S	R	S	R	S	R	S	R	S	R
○	○	○	○	○	○	○	○	○	○

PHONE   EMAIL

NAME

ADDRESS

2024		2025		2026		2027		2028	
S	R	S	R	S	R	S	R	S	R
○	○	○	○	○	○	○	○	○	○

2029		2030		2031		2032		2033	
S	R	S	R	S	R	S	R	S	R
○	○	○	○	○	○	○	○	○	○

PHONE   EMAIL

NAME

ADDRESS

2024		2025		2026		2027		2028	
S	R	S	R	S	R	S	R	S	R
○	○	○	○	○	○	○	○	○	○

2029		2030		2031		2032		2033	
S	R	S	R	S	R	S	R	S	R
○	○	○	○	○	○	○	○	○	○

PHONE   EMAIL

NAME

ADDRESS

2024		2025		2026		2027		2028	
S	R	S	R	S	R	S	R	S	R
○	○	○	○	○	○	○	○	○	○

2029		2030		2031		2032		2033	
S	R	S	R	S	R	S	R	S	R
○	○	○	○	○	○	○	○	○	○

PHONE   EMAIL

A
B
C
D
E
F
G
H
I
J
K
L
M
N
O
P
Q
R
S
T
U
V
W
X
Y
Z

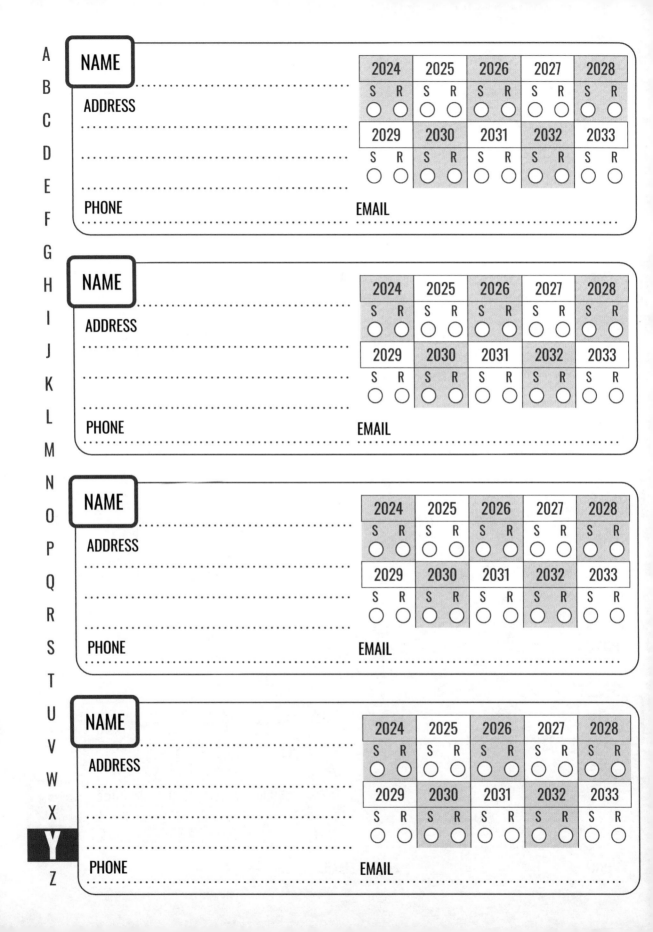

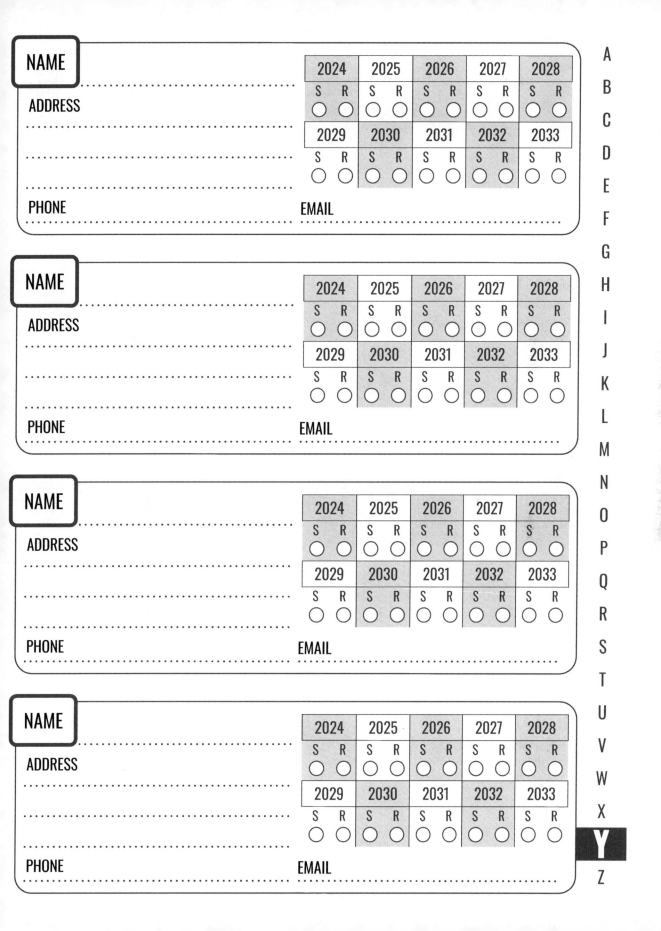

NAME

ADDRESS

2024	2025	2026	2027	2028
S R	S R	S R	S R	S R
○ ○	○ ○	○ ○	○ ○	○ ○

2029	2030	2031	2032	2033
S R	S R	S R	S R	S R
○ ○	○ ○	○ ○	○ ○	○ ○

PHONE   EMAIL

NAME

ADDRESS

2024	2025	2026	2027	2028
S R	S R	S R	S R	S R
○ ○	○ ○	○ ○	○ ○	○ ○

2029	2030	2031	2032	2033
S R	S R	S R	S R	S R
○ ○	○ ○	○ ○	○ ○	○ ○

PHONE   EMAIL

NAME

ADDRESS

2024	2025	2026	2027	2028
S R	S R	S R	S R	S R
○ ○	○ ○	○ ○	○ ○	○ ○

2029	2030	2031	2032	2033
S R	S R	S R	S R	S R
○ ○	○ ○	○ ○	○ ○	○ ○

PHONE   EMAIL

NAME

ADDRESS

2024	2025	2026	2027	2028
S R	S R	S R	S R	S R
○ ○	○ ○	○ ○	○ ○	○ ○

2029	2030	2031	2032	2033
S R	S R	S R	S R	S R
○ ○	○ ○	○ ○	○ ○	○ ○

PHONE   EMAIL

A
B
C
D
E
F
G
H
I
J
K
L
M
N
O
P
Q
R
S
T
U
V
W
X
Y
Z

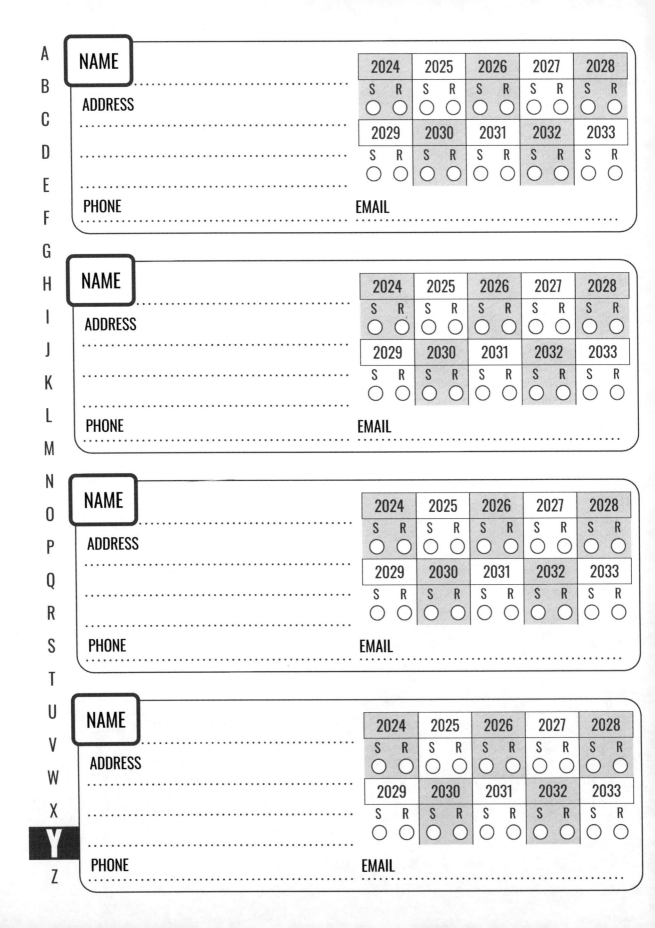

NAME

ADDRESS

PHONE   EMAIL

2024	2025	2026	2027	2028
S R	S R	S R	S R	S R
○ ○	○ ○	○ ○	○ ○	○ ○

2029	2030	2031	2032	2033
S R	S R	S R	S R	S R
○ ○	○ ○	○ ○	○ ○	○ ○

NAME

ADDRESS

PHONE   EMAIL

2024	2025	2026	2027	2028
S R	S R	S R	S R	S R
○ ○	○ ○	○ ○	○ ○	○ ○

2029	2030	2031	2032	2033
S R	S R	S R	S R	S R
○ ○	○ ○	○ ○	○ ○	○ ○

NAME

ADDRESS

PHONE   EMAIL

2024	2025	2026	2027	2028
S R	S R	S R	S R	S R
○ ○	○ ○	○ ○	○ ○	○ ○

2029	2030	2031	2032	2033
S R	S R	S R	S R	S R
○ ○	○ ○	○ ○	○ ○	○ ○

NAME

ADDRESS

PHONE   EMAIL

2024	2025	2026	2027	2028
S R	S R	S R	S R	S R
○ ○	○ ○	○ ○	○ ○	○ ○

2029	2030	2031	2032	2033
S R	S R	S R	S R	S R
○ ○	○ ○	○ ○	○ ○	○ ○

A
B
C
D
E
F
G
H
I
J
K
L
M
N
O
P
Q
R
S
T
U
V
W
X
Y
Z

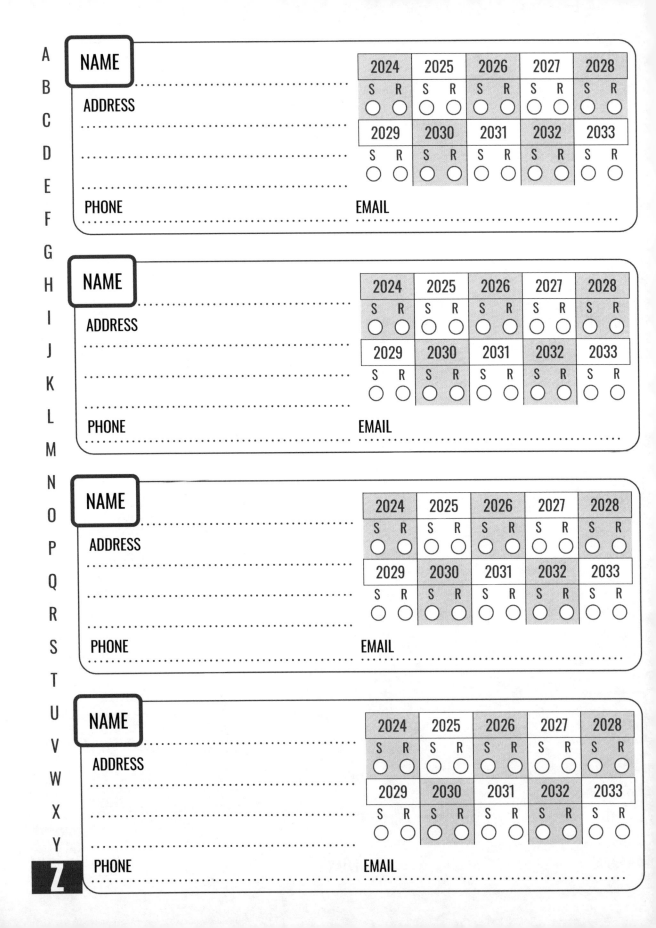

NAME

ADDRESS

2024	2025	2026	2027	2028
S R	S R	S R	S R	S R
○ ○	○ ○	○ ○	○ ○	○ ○

2029	2030	2031	2032	2033
S R	S R	S R	S R	S R
○ ○	○ ○	○ ○	○ ○	○ ○

PHONE   EMAIL

NAME

ADDRESS

2024	2025	2026	2027	2028
S R	S R	S R	S R	S R
○ ○	○ ○	○ ○	○ ○	○ ○

2029	2030	2031	2032	2033
S R	S R	S R	S R	S R
○ ○	○ ○	○ ○	○ ○	○ ○

PHONE   EMAIL

NAME

ADDRESS

2024	2025	2026	2027	2028
S R	S R	S R	S R	S R
○ ○	○ ○	○ ○	○ ○	○ ○

2029	2030	2031	2032	2033
S R	S R	S R	S R	S R
○ ○	○ ○	○ ○	○ ○	○ ○

PHONE   EMAIL

NAME

ADDRESS

2024	2025	2026	2027	2028
S R	S R	S R	S R	S R
○ ○	○ ○	○ ○	○ ○	○ ○

2029	2030	2031	2032	2033
S R	S R	S R	S R	S R
○ ○	○ ○	○ ○	○ ○	○ ○

PHONE   EMAIL

A
B
C
D
E
F
G
H
I
J
K
L
M
N
O
P
Q
R
S
T
U
V
W
X
Y
Z

CHRISTMAS
NOTES

CHRISTMAS
NOTES

CHRISTMAS
NOTES

CHRISTMAS
NOTES

71689646R00068